ASSAINISSEMENT DE LA SEINE

ÉPURATION ET UTILISATION DES EAUX D'ÉGOUT

RAPPORT

DE LA

COMMISSION D'ENQUÊTE DE LA SEINE SUR L'AVANT-PROJET D'UN CANAL

D'IRRIGATION DE CLICHY A LA FORÊT DE SAINT-GERMAIN

PARIS

GAUTHIER-VILLARS, IMPRIMEUR-LIBRAIRE

DE L'ÉCOLE POLYTECHNIQUE, DE L'OBSERVATOIRE DE PARIS

SUCCESSEUR DE MALLET-BACHELIER

Quai des Augustins, 55

1876

PRÉFECTURE DE LA SEINE

ASSAINISSEMENT DE LA SEINE

ÉPURATION ET UTILISATION DES EAUX D'ÉGOUT

RAPPORT

DE LA

COMMISSION D'ENQUÊTE DE LA SEINE SUR L'AVANT-PROJET D'UN CANAL

D'IRRIGATION DE CLICHY A LA FORÊT DE SAINT-GERMAIN

PARIS

GAUTHIER-VILLARS, IMPRIMEUR-LIBRAIRE

DE L'ÉCOLE POLYTECHNIQUE, DE L'OBSERVATOIRE DE PARIS

SUCCESSEUR DE MALLET-BACHELIER

Quai des Augustins, 55

1876

Paris. — Imprimerie Gauthier-Villars, 55, quai des Augustins.

PRÉFECTURE DE LA SEINE

ASSAINISSEMENT DE LA SEINE

ÉPURATION ET UTILISATION DES EAUX D'ÉGOUT

LETTRE DE M. H. BOULEY

Membre de l'Institut, Président de la Commission d'enquête,

A M. LE PRÉFET DE LA SEINE

Paris, le 2 septembre 1876.

Monsieur le Préfet,

J'ai l'honneur de vous adresser le rapport de la Commission à laquelle vous aviez confié le soin de faire l'enquête sur *l'avant-projet d'un canal d'irrigation à l'aide des eaux d'égout entre Clichy et la forêt de Saint-Germain.*

Cette Commission s'est préoccupée, après ses études faites, de la pensée d'éclairer l'opinion publique sur les questions complexes qui se rattachent au déversement des eaux d'égout hors de Paris, et aux moyens de les restituer à la Seine après les avoir dépouillées de leurs impuretés d'une manière complète, c'est-à-dire essentiellement, et non pas seulement en leur donnant par un simple filtrage une pureté qui n'est qu'apparente.

Pour réaliser ces intentions, la Commission a consacré une première et principale partie de son rapport à l'*exposé des notions générales, scientifiques et pratiques* dont elle s'est inspirée, et qu'elle croit indispensable de répandre pour substituer aux préjugés qui dominent aujourd'hui un trop grand nombre d'esprits, des connaissances certaines sur le mécanisme de l'épuration des eaux d'égout par le sol, et sur les grands profits que l'agriculture peut retirer de leur emploi sans que la santé publique soit en aucune façon compromise.

La Commission demeure convaincue que la propagande scientifique sera la condition la plus sûre de la réussite du projet de la Ville, auquel elle a donné son complet assentiment, sous la réserve de quelques mesures dont elle a conseillé l'application, et elle m'a chargé, monsieur le Préfet, de vous remercier d'avoir bien voulu accorder à son rapport et aux procès-verbaux de ses séances une publicité qui sera profitable tout autant aux intérêts des localités que le projet doit atteindre qu'à ceux de la Ville elle-même.

Le rapport que j'ai l'honneur de vous soumettre, monsieur le Préfet, est l'expression des opinions que la Commission a adoptées, après de longues et très-sérieuses délibérations ; mais elle se fait un devoir d'en attribuer le mérite principal à l'honorable M. Schlœsing, qui lui a donné le concours de sa science si éclairée sur toutes les questions qu'elle a eu à examiner, et qui a su exposer avec une si complète clarté les notions scientifiques qu'il était nécessaire de vulgariser, pour que la lumière se fît sur le projet de la Ville et montrât tous les avantages que l'hygiène générale et la fortune publique doivent obtenir de sa réalisation.

Les procès-verbaux des séances de la Commission, dont vous avez bien voulu ordonner la publication à la suite du rapport, contribueront aussi pour une grande part à ce résultat. Rédigés par M. l'ingénieur Orsat avec une grande fidélité, ils exposent de la manière la plus remarquable toutes les opinions qui se sont produites dans la Commission, et, en ajoutant leur clarté à celle du rapport lui-même, ils en complètent les éclaircissements.

Veuillez agréer, monsieur le Préfet, l'expression de ma respectueuse considération.

H. BOULEY, de l'Institut,

Président de la Commission d'enquête.

AVANT-PROJET

D'un canal d'irrigation à l'aide des eaux d'égout entre Clichy et la forêt de Saint-Germain.

RAPPORT DE L'INGÉNIEUR

Objet de l'avant-projet.

Le présent avant-projet a pour objet l'établissement d'un canal principal et de branches secondaires d'irrigation à l'aide des eaux d'égout des collecteurs de la Ville de Paris.

Il comprend :

1 Une *branche principale* s'étendant de Clichy à la forêt de Saint-Germain :

2° Six *branches secondaires*, savoir :
Branche de Gennevilliers,
Branche de Nanterre,
Branche de Carrières-Saint-Denis,
Branche d'Argenteuil,
Branche de Sartrouville-Le Pecq,
Branche d'Achères ;

3° Un réseau de *branches tertiaires*, s'étendant sur le périmètre teinté en vert au plan ci-annexé et comprenant une surface totale de 6.654 hectares. Ces branches tertiaires ne sont actuellement définies, quant à leurs artères principales, que pour la commune de Gennevilliers, sur le territoire de laquelle elles se relient avec le réseau de distribution du collecteur départemental. Le réseau tertiaire correspondant à chaque branche secondaire fera ultérieurement l'objet d'une série d'études détaillées.

Branche principale. — Description.

A. *En plan*, la branche principale se développe sur une longueur de 16.162 mètres entre l'usine élévatoire de Clichy et un point situé dans la forêt de Saint-Germain, à l'angle nord du parc de Maisons-Laffitte. Le tracé traverse la Seine avec les ponts de Clichy, suit la route départementale n° 14, passe entre les agglomérations d'Asnières et de Colombes, et atteint la redoute établie au moulin de Colombes. De là il se dirige perpendiculairement à la Seine qu'il traverse de nouveau, se développe sur les hauteurs qui dominent Bezons, gagne sur une ligne droite Sartrouville, suit les falaises qui s'étendent vers La Frette, traverse une dernière fois la Seine, longe le mur de séparation de la forêt et du parc et se termine au point indiqué à une faible distance de l'Étoile-d'Herblay.

B. Le *profil en long* part de l'usine élévatoire à la cote de 25 mètres pour le plan d'eau et 23 m. 69 pour le radier de la galerie d'aspiration. Au pont de Clichy, on atteint la cote 32 m. 73 ; du pont de Clichy à la redoute de Colombes, une pente et une rampe conduisent à la cote 37 m. 615 ; c'est le point haut du profil. De là, la conduite projetée traverse la vallée de la Seine en siphon renversé et vient retrouver au-dessus de Bezons la cote 36 m. 686. Elle descend ensuite en pente douce, franchissant le faîte de la presqu'île de Houilles par un souterrain de 2.257 mètres. Elle se développe sur les falaises de La Frette, qu'elle quitte à la cote 35 m. 654 pour franchir la Seine par un nouveau siphon et gagner enfin dans la forêt la cote 35 mètres.

C. Les *sections* projetées sont un type circulaire de 2 mètres de diamètre en maçonnerie pour le type courant de la conduite, 2 tuyaux de 1 m. 10 en fonte pour la traversée de la Seine au pont de Clichy, 2 tuyaux de 1 mètre en tôle pour les siphons.

Usine élévatoire.

L'usine comprendra 3 nouvelles machines de la force de 250 chevaux chacune qui seront jointes aux 2 machines déjà établies, lesquelles représentent une force de 400 chevaux.

Les pompes seront du système centrifuge double.

Branches secondaires.

Les branches secondaires sont indiquées au plan et cotées aux dessins ci-joints.

Ces branches sont exclusivement destinées au service agricole des plaines qu'elles desservent.

Périmètre arrosable.

La conduite principale, avec les branches qui viennent d'être indiquées et avec le réseau en cours d'exécution sur le territoire de la commune de Gennevilliers, embrasse un périmètre arrosable, de 6.654 hectares répartis de la manière suivante :

Presqu'île de Gennevilliers.	Plaine de Gennevilliers.	1.354 hect.	2.904 hect.
	Plaine de Nanterre-Rueil.	1.550	
Presqu'île de Houilles.	Plaine de Carrières-Argenteuil.	857	1.410
	Plaine de Sartrouville-Le Pecq.	553	
Presqu'île de Saint-Germain.	Terrains domaniaux	1.423	2.340
	Plaine d'Achères.	917	
			6.654 hect.

Dépenses.

Les dépenses nécessitées par l'exécution des travaux décrits ci-dessus peuvent être évaluées à 4.000.000 de francs pour l'usine et la branche principale et à 1.000.000 de francs pour les branches secondaires, soit 5.000.000 de francs, non compris les dépenses faites jusqu'à ce jour pour la plaine proprement dite de Gennevilliers et s'élevant à 1.664.000 francs.

Utilité publique des travaux projetés.

Le caractère d'utilité publique des travaux qui viennent d'être indiqués ressort en principe de l'avis déjà cité de la Commission administrative d'assainissement de la Seine et des considérations développées dans son rapport en date du 12 décembre 1874. La Commission avait conclu à la fois à la nécessité de purifier le fleuve infecté et à l'opportunité d'adopter dans ce but le système d'épuration par l'action du sol et des plantes. L'avant-projet, qui fait l'objet de ce rapport, montre la possibilité de la solution générale, indiquée par la Commission, en l'appliquant dans ses plus larges limites, c'est-à-dire en étendant l'opération de Clichy à la forêt de Saint-Germain. Les travaux ne présentent aucune difficulté technique ; les dépenses n'atteignent pas un chiffre exagéré.

Conclusion.

En conséquence, et en vertu des considérations qui précèdent, l'Ingénieur soussigné est d'avis qu'il y a lieu :

1° *Au point de vue technique,* de prendre pour base définitive des travaux d'assainissement de la Seine l'avant-projet ci-joint ;

2° *Au point de vue administratif,* de soumettre à l'enquête, en vue de la déclaration d'utilité publique, l'avant-projet ci-joint.

Paris, le 15 juin 1875.

L'Ingénieur des ponts et chaussées,

A. DURAND-CLAYE.

Vu et présenté par l'Inspecteur général soussigné,

Clichy, le 16 juin 1875.

MILLE.

Vu et adopté :

L'Inspecteur général des ponts et chaussées,
Directeur des eaux et des égouts,

E. BELGRAND.

RAPPORT

DE LA COMMISSION D'ENQUÊTE (*)

INTRODUCTION

Depuis la construction des grands collecteurs, les mille ruisseaux qui versaient en détail dans la Seine les eaux impures de Paris, ayant été remplacés par une véritable rivière qui débite 3 mètres cubes à la seconde, la pollution du fleuve par les eaux d'égout, peu apparente quand elle s'effectuait progressivement de Bercy à Auteuil, a frappé tous les yeux, du jour où elle est devenue presque instantanée et où l'on a pu saisir le contraste entre les eaux vertes de la Seine en amont du collecteur de Clichy et ses eaux noires en aval. Dans ces dernières années, l'infection de la Seine a été officiellement reconnue par des Commissions administratives, par le Conseil d'hygiène et de salubrité, par le Conseil général des ponts et chaussées, appelés successivement à la constater et à indiquer les moyens à prendre pour y porter remède. Ces Commissions et ces Conseils ont déclaré que la Ville de Paris était tenue de supprimer les causes d'infection dans le plus bref délai, et que le meilleur moyen d'obtenir ce résultat était d'épurer et d'utiliser les eaux d'égout par leur filtration à travers la terre végétale.

(*) La Commission d'enquête était composée ainsi qu'il suit : M. H. Bouley, membre de l'Académie des sciences, *président;* M. Schloesing, directeur des manufactures de l'Etat, *rapporteur;* M. Orsat, industriel à Clichy, *secrétaire;* M. Bandérali, ingénieur; M. Beau, ancien membre de l'Assemblée nationale; M. Callon, professeur à l'Ecole centrale des arts et manufactures; M. Chatoney, inspecteur général des ponts et chaussées; M. Delesse, ingénieur en chef des mines, membre de la Société centrale d'agriculture; M. Lagneau, docteur en médecine; M. Laizier, maraîcher; M. Pagel, maire de l'Ile-Saint-Denis; M. Porlier, directeur de l'agriculture; M. Ulysse Trélat, docteur en médecine.

La Ville n'avait pas attendu cette mise en demeure pour étudier les moyens d'épurer les eaux d'égout. En 1866, elle avait accueilli un projet d'essai d'épuration par le sol dont M. Mille, Ingénieur en chef des ponts et chaussées, avait pris l'initiative. Désigné par ses travaux antérieurs et par des missions récentes en Angleterre et en Italie pour devenir le promoteur en France des irrigations à l'eau d'égout, appuyé d'ailleurs sur l'avis favorable d'une Commission présidée par M. Dumas, le savant Ingénieur commençait, cette même année, une première série d'essais, à Clichy, sur une étendue de terrain de 1 hectare 1/2. Deux ans après, il entreprenait, avec le concours de M. A. Durand-Claye, une seconde série de travaux d'irrigation, beaucoup plus importants, dans la plaine de Gennevilliers. Malgré tout le talent et toute l'énergie des deux Ingénieurs qui la dirigent depuis 1869, l'entreprise de la Ville de Paris a progressé lentement ; il lui a fallu sept ans pour conquérir 200 hectares : mais elle ne cesse pas de se développer ; on lui prévoit aujourd'hui un accroissement plus rapide, et, pour lui donner la surface dont elle a besoin, MM. les Ingénieurs de la Ville proposent de conduire les eaux, par un canal d'irrigation, jusque dans la forêt de Saint-Germain. Leur avant-projet a été mis à l'enquête, et une Commission a été nommée par le Préfet de la Seine pour donner son avis motivé tant sur les dires de l'enquête que sur l'utilité de l'entreprise.

Cette Commission vient rendre compte de ses travaux.

Au cours de l'enquête, elle a pu constater combien les questions relatives aux eaux d'égout sont, en général, peu comprises et obscurcies par des préjugés, des exagérations, des erreurs qu'il importe de faire disparaître. Ce n'est pas que ces questions, trop neuves, n'aient pas encore été l'objet d'études suffisantes : elles ont provoqué, au contraire, des recherches scientifiques et des applications pratiques qui ont mis en évidence des faits positifs, avec lesquels on peut dès maintenant constituer tout un ensemble très-satisfaisant de notions précises. Ces notions, qui nous viennent pour la plupart d'Angleterre, et qu'on ignore trop en France, sont appelées à former l'opinion publique et à guider les municipalités dans les résolutions qu'elles ont à prendre au sujet des eaux d'égout. C'est pourquoi la Commission a résolu de les placer en tête de son rapport. Elle est persuadée qu'un tel exposé de principes éclairera et simplifiera ses discussions, et que ses conclusions, mieux justifiées et mieux comprises, acquerront une autorité plus grande. Elle espère aussi qu'il dissipera des inquiétudes et des oppositions sans fondement, et contribuera à répandre des idées saines et rationnelles sur des questions d'une haute gravité, intéressant à la fois et à des titres divers les populations urbaines et rurales.

En conséquence, le rapport de la Commission a été divisé en trois parties :

1° Exposé des notions générales, d'ordre scientifique ou pratique qui ont guidé la Commission ;

2° Compte rendu de l'enquête de la Commission ;

3° Résumé et conclusions.

CHAPITRE PREMIER.

Sommaire.

§ 1ᵉʳ. — LES EAUX IMPURES.

§ 2. — L'ÉPURATION DES EAUX IMPURES.

§ 1ᵉʳ. — LES EAUX IMPURES.

Composition des eaux d'égout.

Les matières qui souillent les eaux d'égout sont de quatre sortes :

Les matières insolubles ou solides { minérales ou d'origine organique ;

Les matières solubles et dissoutes } minérales ou d'origine organique.

En général, la nature et les proportions de toutes ces matières sont très-variables : elles dépendent des genres d'industrie et des habitudes des populations, de l'organisation des services de la voirie, du mode de vidange adopté, de la quantité d'eau distribuée dans les maisons et sur la voie publique.

Les eaux d'égout de Paris, les seules à considérer ici, présentent dans leur débit et leur composition des différences assez grandes, en rapport avec les mois, les jours de la semaine et même les heures de la journée.

Voici le débit annuel et la composition moyenne des eaux des deux grands collecteurs de Clichy et de Saint-Denis :

COLLECTEUR DE CLICHY.

Débit en 24 heures, 216.000 mètres cubes (moyenne des analyses des eaux en 1875).

MATIÈRES MINÉRALES DANS 1 MÈTRE CUBE

Solubles.	Insolubles.	
$0^k,683$	$1^k,392$	Total... $2^k,075$

MATIÈRES ORGANIQUES

Solubles.		Insolubles.			
Azote déduit.	Azote.	Azote déduit.	Azote.	Azote total.	
$0^k,322$	$0^k,029$	$0^k,714$	$0^k,024$	$0^k,053$	Total... $1^k,089$

$3^k,164$

COLLECTEUR DE SAINT-DENIS.

Débit en 24 heures, 43.200 mètres cubes (lorsqu'il reçoit les eaux de Bondy).

MATIÈRES MINÉRALES	MATIÈRES ORGANIQUES		
Totales.	Azote déduit.	Azote.	
$1^k,943$	$1^k,378$	$0^k,140$	Total... $3^k,461$

Inconvénients de leur déversement en Seine.

Il faut considérer successivement, à ce point de vue, les matières minérales et les matières organiques.

Matières minérales.

Dans certaines localités, les eaux d'égout reçoivent des substances vénéneuses, comme les acides de l'arsenic, employées par l'industrie ; ou bien de grandes quantités de sels alcalins ou terreux, par exemple du chlorure de calcium... Les eaux d'égout de Paris ne sont ni vénéneuses ni chargées de sels. Si l'on fait la détermination comparée des sels minéraux, ceux d'ammoniaque exceptés, dans l'eau de la Seine et l'eau d'égout, et qu'on tienne compte des volumes respectifs, on demeure convaincu que la constitution minérale du fleuve n'est pas sensiblement modifiée par les apports des collecteurs. Quant à l'ammoniaque, sa dose de 0 milligr. 06 par litre d'eau puisée au pont de Bercy augmente beaucoup après l'afflux des eaux d'égout et se tient alors entre 1 milligramme et 1 milligr. 5. Mais cet alcali, même à cette dose, n'est point insalubre par lui-même ; s'il faut le redouter, c'est à cause de ses relations avec les matières organiques qui l'ont engendré et dont il accuse la présence.

Quant aux matières minérales insolubles, elles proviennent presque en totalité de l'usure des chaussées. Ce sont des particules de toute grosseur, depuis le grain de sable qui tombe immédiatement au fond de l'eau jusqu'à la plus fine poussière qui reste longtemps en suspension. Toutes ces matières se déposent en Seine selon un ordre dépendant de leurs dimensions et de leurs densités, et forment des bancs qui se prolongent au loin. Elles sont embarrassantes, occasionnent des frais de dragage, mais ne sont nullement insalubres. C'est exclusivement dans les matières organiques insolubles et solubles que résident les causes d'infection.

Matières organiques.

S'il y a une notion scientifique aujourd'hui vulgarisée, c'est assurément celle de la circulation, entre les trois règnes, de certains composés minéraux : l'acide carbonique, l'eau, l'acide nitrique, l'ammoniaque. Les végétaux les puisent dans le sol et dans l'air, les réduisent partiellement, c'est-à-dire en séparent et rejettent une partie de leur oxygène, associent les restes de cette réduction et les organisent en composés complexes, d'une extrême variété, dont une portion alimente les espèces animales. C'est la première moitié du cycle. La seconde commence quand les êtres organisés ont cessé de vivre ; les composés qui les constituent se résolvent en leurs éléments primitifs, et leur décomposition restitue au sol et à l'air tout ce que la synthèse végétale leur avait emprunté. Pendant cette synthèse, de l'oxygène avait été éliminé et rejeté dans l'air : l'air doit donc, pendant la décomposition, rendre aux matières une quantité égale d'oxygène, afin que la restitution soit complète ; c'est pourquoi la décomposition des êtres organisés est, en définitive, une combustion. Mais les voies que la nature suit pour aboutir à un résultat constant sont infiniment variées ; les réactions chimiques sont singulièrement compliquées par l'apparition d'une foule d'organismes végétaux ou animaux, véritables agents chargés d'effectuer ou, tout au moins, d'accélérer la décomposition. Toutefois, les phénomènes peuvent être rapportés à deux types : la combustion avec excès d'air, et la combustion où l'air fait défaut. Par exemple, une matière organique est divisée dans une masse minérale poreuse, humide, où l'air se renouvelle sans peine : l'oxygène atmosphérique entre alors directement en fonction, et les phénomènes sont de l'ordre de ceux de la combustion simple, complète. L'azote lui-même est oxydé au moment où il sort de combinaison, et converti en acide nitrique. La série des réactions n'est, à aucun moment, insalubre. Il n'en est pas ainsi quand l'accès de l'oxygène est nul ou insuffisant : les phénomènes de combustion lente sont remplacés alors par ceux de la putréfaction, et les produits qui en résultent sont éminemment insalubres ; à défaut d'oxygène gazeux, libre, la substance organique prend de l'oxygène déjà combiné dans l'eau, dans les sulfates, dans les nitrates ; elle extrait l'oxygène de ces combinaisons et s'en empare, mais non sans résistance ; aussi ne trouve-t-elle pas ainsi tout l'oxygène qu'il lui faudrait pour être brûlée complétement. Sa combustion est donc imparfaite : elle exhale de l'hydrogène, de l'hydrogène carboné, de l'hydrogène sulfuré, de l'oxyde de carbone, gaz destinés à une combustion ultérieure sous l'action des forces naturelles. L'azote devient libre en partie ; le reste se combine à de l'hydrogène et forme de l'ammoniaque. Les eaux d'égout nous offrent des exemples très-nets des deux sortes de combustion. Sont-elles emmagasinées et au repos dans des réservoirs, ou bien versées dans un milieu peu oxygéné, comme l'eau d'un fleuve : ne trouvant pas dans ces conditions la quantité d'oxygène nécessaire pour la combustion complète de leur matière organique, elles deviennent le siége d'une putréfaction intense. Mais sont-elles répandues à la surface du sol, pour se répartir ensuite dans son intérieur et y entrer en contact intime avec l'air : alors la combustion est simple, directe et absolument inoffensive. Dans une foule de cas, la combustion lente et la putréfaction sont simultanées et superposent leurs effets : quand, par exemple, des matières organiques sont entassées, l'air baigne et brûle l'extérieur du tas, pendant que l'intérieur est envahi par la putréfaction. Souvent aussi elles sont consécutives : ainsi, un cadavre enfoui est d'abord entièrement livré à la putréfaction, puis les produits solubles diffusés dans la terre y brûlent au contact du gaz oxygène.

C'est pour faciliter cette deuxième phase de la décomposition qu'il faut placer les cimetières dans des sols poreux et élevés, de manière que tous les produits liquides soient brûlés avant de pouvoir atteindre la nappe d'eau souterraine.

Matières organiques solides.

Revenons maintenant aux matières organiques des eaux d'égout déversées en Seine. Les détritus solides se déposent, avec les matières minérales, selon l'ordre de leur grosseur et de leur poids, et forment des bancs de vase que M. l'Ingénieur A. Pesson a figurés dans une carte très-instructive déposée parmi les documents de l'enquête. Ces bancs sont presque continus de Clichy à Marly ; leur épaisseur est fréquemment d'un mètre ; elle va en certains endroits jusqu'à 2 mètres. On conçoit sans peine que, le niveau du fleuve venant à baisser, les bancs de vase émergent en partie, et que, placés alors dans les conditions des vases des marais, ils en acquièrent les propriétés malfaisantes. Au reste, la vase n'a pas besoin d'être exposée à l'air pour devenir une cause d'insalubrité ; au fond de l'eau, elle est le siége d'une putréfaction très-active, surtout en été. Les matières organiques solubilisées passent dans l'eau du fleuve, non sans contribuer à sa pollution : les produits gazeux se réunissent d'abord au sein de la vase ; puis, quand leur poussée est assez forte, ils s'en échappent et montent à la surface, où ils forment des bulles quelquefois énormes. MM. les Ingénieurs de la Ville ont recueilli ces gaz et les ont analysés à leur laboratoire de Clichy ; leur composition n'est autre que celle des gaz des marais. L'analyse chimique a ainsi achevé de démontrer la similitude entre les vases des marais et celle que les eaux d'égout produisent dans la Seine.

Matières organiques solubles.

Les matières organiques solubles, au moins aussi malfaisantes que les détritus solides, sont beaucoup plus dangereuses, parce qu'on ne se doute pas de leur présence. Il est impossible de les spécifier chimiquement ; elles sont un mélange d'une foule de principes déjà en voie d'altération, empruntés à des êtres végétaux et animaux. La détermination de leur somme est même un problème d'analyse très-délicat dont les chimistes tournent la difficulté en mesurant seulement le carbone et l'azote entrant dans leur constitution : c'est ainsi qu'a procédé M. Frankland dans ses recherches classiques sur les eaux d'égout. Le carbone est la base de tout composé organique, et l'on peut admettre, sans erreur grossière, qu'il entre pour 50 p. 100 dans le mélange complexe dont il est question ; l'azote donne, à son tour, des indications précieuses sur la nature des composés organiques ; il mesure la proportion des composés azotés, ceux qui, plus que tous les autres, sont putrescibles et aptes à nourrir les êtres engendrés dans la pourriture. Ainsi, le carbone et l'azote des principes solubles des eaux d'égout peuvent servir à déterminer, l'un la somme de ces principes, l'autre leur degré de corruptibilité. Mais il faut avoir grand soin, dans ces recherches quantitatives, de ne pas confondre l'azote qui appartient à l'ammoniaque ou aux nitrates avec celui qui représente les combinaisons organiques azotées et que M. Frankland a nommé pour cette raison *azote organique*.

Maintenant, pourquoi une eau qui renferme en dissolution des matières organiques est-elle malsaine ? On ne sait pas encore répondre avec toute la précision désirable à cette importante question : les hygiénistes sont aussi embarrassés pour définir les effets des divers principes organiques sous diverses doses, que les chimistes pour en spécifier la nature et la quantité. Les uns et les autres ont beaucoup à apprendre sur ces graves sujets ; mais ils ne sont pas non plus dépourvus de toute lumière.

Et d'abord, un fait précis se dégage de l'expérience générale : les eaux essentiellement saines et potables, comme celles d'un grand nombre de sources, ne contiennent presque pas de matière organique ; au contraire, les eaux malsaines en contiennent une quantité notable, à moins qu'elles ne doivent leur insalubrité à des matières minérales vénéneuses ou à la surabondance de certains sels. Donc, il faut rejeter, au moins comme suspectes et dangereuses, toutes les eaux où la matière organique atteint certaine dose.

Quant à l'insalubrité de la matière organique, on lui reconnaît plusieurs causes. La matière atteint le maximum d'insalubrité et peut être fatale lorsqu'elle est vivante, c'est-à-dire sous la forme d'êtres organisés ; tel est son état, au moins partiel, dans l'eau des marais. On attribue à certains de ces êtres le pouvoir de se multiplier dans l'organisme humain et d'apporter un trouble funeste dans son fonctionnement. Le danger est moindre quand la matière n'est point organisée ; cependant il ne faut pas perdre de vue qu'alors elle est dans la période de sa décomposition ; il lui faut de l'oxygène ; elle consomme d'abord celui qui est dissous dans l'eau ; puis, à moins de conditions spéciales, favorables à la diffusion de l'oxygène de l'air, la décomposition putride s'en empare. Si la matière organique est végétale, l'eau prend, le plus souvent, l'odeur de croupi ; si la matière est animale, l'odeur est plus prononcée et plus infecte. En même temps, les germes partout répandus d'organismes végétaux ou animaux se développent au sein de l'eau corrompue, soit directement aux dépens de la matière organique, soit en assimilant les produits de sa composition ; alors la matière morte est redevenue vivante et insalubre au premier chef. Rien ne prouve, d'ailleurs, que cette transformation soit nécessaire pour que l'eau soit malfaisante : l'existence des ferments solubles à côté des ferments figurés autorise à penser que l'organisme humain peut être atteint par des matières simplement solubles, aussi bien que par des microzoaires ou des microphytes.

Ainsi, la matière organique peut être insalubre directement, surtout si elle est organisée, ou indirectement, en consommant l'oxygène de l'eau et en servant d'aliment à des êtres organisés. On conçoit sans peine, d'après cela, que le degré d'affinité de la matière pour l'oxygène exerce une grande influence sur la qualité de l'eau. Par exemple, quand l'eau de pluie a traversé un sol perméable et en a parcouru une certaine étendue avant de se rendre à une source, les matières organiques qu'elle a dissoutes dans la couche superficielle sont consommées dans le trajet ; ce qui en reste, quand l'eau reparaît au jour, n'est qu'un résidu d'oxydation, presque inerte, sans action sensible sur l'oxygène. Aussi beaucoup d'eaux de source peuvent être conservées longtemps en vase clos sans se corrompre. Mais, au contraire, si la matière organique, neuve en quelque sorte, commence à s'altérer, à brûler, si elle entre dans la période de son activité chimique et biologique, alors elle manifeste pour l'oxygène une affinité très-grande. Telles sont, à un haut degré, les matières organiques contenues dans les eaux d'égout ; MM. Boudet et Girardin ont fait voir que le titre oxymétrique de la Seine (c'est-à-dire le volume d'oxygène dissous dans un litre d'eau), qui est de $4^{cc},34$ au pont d'Asnières, est réduit à $1^{cc},02$ à La Briche, qui est à 6 kilomètres en aval du collecteur d'Asnières, s'est à peine relevé à $1^{cc},91$ à l'écluse de Marly, après un parcours de 20 kilomètres, et ne reprend un taux à peu près normal qu'à Mantes. Or, le débit de la Seine, à l'étiage, est au moins 15 fois plus grand que l'apport des eaux d'égout : un litre de ces eaux consomme donc au moins, pendant le court trajet d'Asnières à La Briche, 15 fois $4^{cc},34$ — $1^{cc},02$ d'oxygène, soit 65^{cc}, nombre qui donne une idée de l'avidité de la matière organique pour ce gaz : et, après La Briche, la matière organique est encore loin d'être brûlée ; elle continuera à consommer sur un long parcours du fleuve une portion de l'oxygène qui se diffusera de l'air dans l'eau.

Ainsi, plus la matière organique soluble est avide d'oxygène, plus on doit la redouter. La rapidité avec laquelle elle absorbe l'oxygène dissous dans l'eau est le signe, et même, souvent, la mesure de son insalubrité. Aussi le meilleur procédé pour reconnaître la qualité d'une eau potable est toujours celui que M. Dumas a conseillé depuis longtemps : il consiste à laisser en repos, en vase clos, quelques litres d'eau, à la température ordinaire, pendant quinze à vingt jours. L'eau est saine lorsque, après cette épreuve, elle n'a pas contracté l'odeur de l'eau croupie.

Doses de la matière organique.

Ce n'est pas tout de connaître les dangers de la présence des matières organiques dans les eaux. Il faudrait maintenant discuter et fixer les doses sous lesquelles elles sont dangereuses, et décider, d'après cette discussion, si l'on peut autoriser ou s'il faut défendre le déversement dans les rivières d'une eau dont on connaît la teneur en matières organiques.

L'état de la science ne permet pas et ne permettra pas de longtemps de déterminer une dose limite, évidemment variable avec la nature de chaque substance, avec son degré d'oxydabilité, avec les conditions climatériques et même avec le tempérament des individus. Y a-t-il même une limite ? N'y a-t-il pas plutôt une progression de salubrité des eaux parallèle à une diminution graduelle du taux des matières organiques, progression continue dans laquelle il est impossible de désigner un terme marquant la transition entre l'eau saine et l'eau malsaine ? N'y a-t-il pas d'ailleurs, dans les eaux souillées par l'homme, des substances dont l'insalubrité échappe à toute mesure, comme celles dont plusieurs médecins éminents admettent l'existence dans les déjections des cholériques? Le plus sage est donc de prohiber le retour aux rivières de eaux impures, à moins qu'on ne sache leur restituer toute leur pureté.

Cependant il peut être nécessaire de fixer une limite d'impureté. Le cas s'est présenté en Angleterre : la pollution des rivières par les eaux des villes et les déchets de fabriques était devenue un fléau public ; il fallait y mettre un terme par une loi. La prohibition absolue de déverser les eaux d'égout dans les rivières fut jugée impossible ; on pouvait du moins exiger un degré de purification préalable, en rapport avec les procédés institués dans ce but. Mais, dès que la loi admettait une certaine tolérance, il fallait fixer celle-ci par des chiffres, sous peine de provoquer des contestations sans fin. C'est pourquoi la Commission d'enquête nommée par le Parlement en 1868, et composée de MM. le colonel Denison, Frankland et Morton, proposa, entre autres prescriptions relatives aux matières solides, vénéneuses, colorantes, salines... de fixer la proportion limite de carbone organique à 2 pour 100.000 parties d'eau, et celle de l'azote organique à 0,3. Ces propositions furent adoptées par le Parlement ; mais il importe de ne pas attribuer à ces chiffres une signification que les commissaires de l'enquête ne leur ont jamais donnée : ils ont déclaré que les chiffres proposés n'avaient aucune valeur absolue quant à la pureté et à l'impureté des eaux, mais qu'ils étaient uniquement la représentation du degré moyen d'épuration qu'on pouvait exiger dans l'état actuel de la science.

En France, l'état général des rivières n'est pas à comparer avec celui où étaient arrivés et où sont encore la plupart des cours d'eau en Angleterre ; on n'a donc pas ressenti le besoin d'une législation analogue à celle qui vient d'être rappelée. Toutefois, si une limite pour le carbone et l'azote organiques devait être discutée un jour, il y aurait lieu de tenir compte des progrès accomplis depuis 1868 sous le rapport de l'épuration des eaux d'égout et d'abaisser les limites adoptées en Angleterre. En tout cas, il est bon de le rappeler, une limite devra toujours être considérée comme la mesure d'une tolérance, et jamais comme un taux d'impureté au-dessous duquel la salubrité des eaux serait assurée.

§ 2. — L'ÉPURATION DES EAUX IMPURES.

Que faire des eaux d'égout quand il est défendu de les jeter à la rivière ? On ne peut que les envoyer à la mer ou les purifier.

La Commission a su que deux Ingénieurs, M. Passedoit et M. Brunfaut, ont proposé de débarrasser Paris et ses environs des eaux d'égout en les conduisant jusqu'à Quillebœuf, ou jusqu'à Canteleu, au-dessous de Rouen. Bien que ces projets ne fussent pas à l'enquête, la Commission a voulu en connaître les principales dispositions et a prié leurs auteurs de les développer devant elle. On trouvera, dans les procès-verbaux des séances des 7, 21 et 24 juin, la critique de ces projets par M. l'Inspecteur général Belgrand, et le résumé des explications fournies par MM. Passedoit et Brunfaut.

Dans l'opinion de la Commission, il n'y a pas lieu de prendre ces projets en considération. Ils exigeraient des dépenses excessives ; la pente de $0^m,10$ par kilomètre admise dans chaque projet n'est que le tiers de celle qui serait nécessaire pour assurer l'entraînement des matières solides ; cette insuffisance de pente amènerait la stagnation des dépôts et de fréquents curages ; les cultivateurs qui voudraient employer les eaux pour l'irrigation seraient obligés de les élever chez eux par des machines ; le projet de M. Brunfaut ne ferait que déplacer l'infection de la Seine, en la reportant au-dessous de Rouen ; celui de M. Passedoit n'assure nullement l'écoulement des eaux d'égout en pleine mer, sans dommage pour les riverains tant en amont qu'en aval de Quillebœuf.

Ces projets abandonnés, restaient les diverses méthodes proposées pour purifier les eaux d'égout.

On peut les classer en quatre catégories :

1° Épuration par simple filtration à travers des substances minérales poreuses ;

2° Épuration par des procédés chimiques ayant pour effet de précipiter les impuretés ;

3° Épuration par le sol ;

4° Épuration par un procédé chimique employé concurremment avec l'épuration par le sol.

La plupart de ces méthodes, inventées et appliquées en Angleterre, y ont été suscitées par l'intensité de la pollution des rivières et la nécessité d'obéir à la loi récente qui a imposé l'obligation d'épurer les eaux d'égout ou d'usines avant de les déverser dans les cours d'eau. Étudiées par les ingénieurs, les agronomes, les chimistes les plus éminents, elles sont devenues le sujet de publications nombreuses, d'un haut intérêt, parmi lesquelles se distinguent les rapports classiques de M. Frankland. Aussi les idées sur l'épuration et l'utilisation agricole des eaux d'égout sont à peu près fixées chez nos voisins; elles le seront en France lorsque les travaux des savants anglais y seront mieux connus.

À ce propos, il n'est que juste de signaler le livre intitulé *Égouts et Irrigations*, dans lequel M. Ronna a résumé avec une rare impartialité les documents les plus importants sur la matière. La Commission a puisé dans ce beau livre de précieux renseignements recueillis sur place par le savant Ingénieur, et dignes, par conséquent, de toute confiance.

1° Filtration simple.

On se figure assez généralement que les seules impuretés des eaux d'égout sont ces matières grisâtres qu'elles tiennent en suspension et dont on peut les débarrasser en les filtrant à travers des substances inertes, comme des sables, du coke,... ou même en les laissant simplement reposer dans des bassins. C'est une erreur : quand on filtre l'eau d'égout, on obtient en effet un liquide limpide, peu coloré, et peu odorant si l'eau n'est pas encore corrompue. Mais ce liquide contient encore toute la matière organique soluble dont on ne peut plus méconnaître les dangers, après ce qui en a été dit. Si les eaux d'égout de Paris étaient simplement filtrées ou décantées avant leur déversement en Seine, le fleuve serait affranchi, sans doute, des dépôts vaseux qui encombrent aujourd'hui son lit ; mais ses eaux, tout en demeurant limpides et pures en apparence, ne seraient pas moins souillées par les matières organiques solubles des eaux d'égout, et rendues par elles impropres aux usages domestiques. Cette seule considération suffit pour condamner les procédés de prétendue épuration fondés sur la filtration ou décantation, quel que soit d'ailleurs le mérite des dispositions mécaniques adoptées.

2° Procédés chimiques.

Les procédés chimiques reviennent tous à introduire dans les eaux d'égout une ou plusieurs substances ayant la propriété d'accélérer la précipitation des matières en suspension et d'y englober, autant que possible, les matières organiques solubles. Quelques-uns de ces procédés ont obtenu en Angleterre un grand retentissement, entre autres le procédé dit ABC, fondé sur l'emploi simultané de l'alun, de l'argile et du charbon de tourbe. Un grand nombre de substances ont été recomman-

dées comme agents d'épuration : la chaux, les sels d'alumine, l'argile,
divers charbons, les dissolutions acides de phosphates naturels, des sels
de magnésie, les chlorure et sulfate de fer.... parmi elles, l'argile et
surtout le charbon paraissent les plus propres à entraîner les matières
organiques solubles : tout le monde sait que le charbon désinfecte, qu'il
absorbe les matières colorantes, extractives, etc. ; mais, lors même
qu'on étendrait cette propriété à toutes les matières solubles, l'emploi
du charbon ne serait pas moins rendu impossible, en pratique, par
l'énorme quantité qu'il en faudrait pour purifier la masse des eaux
d'égout de Paris. Quant aux produits chimiques proprement dits, ils
peuvent bien être d'excellents clarificateurs, mais ils n'exercent sur les
matières solubles qu'une action très-limitée : celles-ci demeurent dissoutes ; les eaux traitées restent trop riches en matières putrescibles et
ne peuvent être admises dans les rivières. Telle est la conclusion générale des épreuves auxquelles les procédés chimiques ont été soumis en
Angleterre.

La Commission a examiné tout spécialement un procédé imaginé par
M. Knab, habile chimiste, qui a installé à Gennevilliers une petite
usine de démonstration. On trouvera, parmi les procès-verbaux des
séances, le compte rendu, à la date du 7 juillet, de la visite de cette
usine par la Commission. La liqueur employée par M. Knab est une dissolution d'un phosphate des Ardennes, à la fois calcaire et ferrugineux,
dans l'acide chlorhydrique. La précipitation se fait nettement et rapidement ; mais elle n'entraîne et ne peut entraîner qu'une minime fraction
des matières organiques solubles : un échantillon du liquide soi-disant
épuré, recueilli par un des membres de la Commission et conservé dans
une bouteille, s'est complétement putréfié au bout de deux ou trois
jours.

Comme preuve de l'épuration qu'il obtient, M. Knab a montré à
la Commission du cresson et de petits poissons vivant dans l'eau traitée
par son procédé. Ce genre de démonstration n'a pas l'autorité que lui
accorde M. Knab ; l'état satisfaisant du cresson et des poissons prouve
seulement que l'eau traitée, après avoir coulé, sous une faible épaisseur,
dans une rigole en bois, d'où elle tombe en cascade sur le sol, après
s'être étalée en couche mince à la surface des planches garnies de cresson, a dissous, dans son trajet, assez d'oxygène aérien pour devenir un
milieu habitable par des êtres végétaux et animaux. Pourquoi ceux-ci

seraient-ils gênés par les matières demeurées en dissolution ? L'ammoniaque profite au cresson, et les matières organiques semblent convenir aux poissons, puisqu'on les voit fréquenter, dans les rivières, le voisinage des débouchés des eaux sales : au barrage de Marly, la Seine est encore très-infectée, et ses eaux ne contiennent que $1^{cc},9$ d'oxygène ; cependant le poisson remonte et se tient là volontiers, attiré probablement par l'abondance des aliments. Il ne faut donc pas confondre l'aération de l'eau, nécessaire à la vie de certains êtres, avec son épuration. Les matières organiques, au sein de l'eau, peuvent brûler assez lentement pour que l'eau conserve, malgré leur présence, de l'oxygène dissous, surtout si on la met, comme le fait M. Knab, dans des conditions de mouvement et de surface qui favorisent l'absorption de ce gaz. Mais qu'on ne s'y trompe pas : quand cette eau sera enfermée, quand son oxygène, consommé par la matière organique, ne pourra plus être renouvelé, la putréfaction surviendra pour démontrer son insalubrité.

Indépendamment de leur inefficacité au point de vue de l'épuration, les procédés chimiques soulèvent, sous d'autres rapports, des objections fondées. Par leur emploi, on se propose presque toujours d'obtenir une épuration après laquelle les eaux d'égout seront déversées dans les rivières ; mais alors, on renonce absolument à utiliser les principes fertilisants, tels que la potasse et l'ammoniaque, qu'elles renferment en dissolution. Proposera-t-on de réserver les eaux épurées pour l'emploi agricole et de les faire servir à l'irrigation ? Mais alors est-il bien nécessaire d'accumuler dans une usine les matières insolubles précipitées, qu'il faudra toujours sécher et exporter, au lieu de les laisser conduire naturellement par les eaux dans les champs où elles trouveraient une utilisation immédiate ? Ce mode de transport est d'ailleurs le seul que les matières en suspension puissent supporter : l'engrais qu'elles constituent, après leur précipitation, est trop pauvre pour voyager d'une autre façon ; il faut pourtant qu'il voyage, car on n'en veut pas sur les lieux de production : il est toujours préparé dans le voisinage des villes, et celles-ci fournissent en abondance, autour d'elles, le fumier, la gadoue et d'autres matières plus riches encore. Les précipités des eaux d'égout ne peuvent lutter avec ces engrais, et il en résulte qu'on ne sait que faire d'une marchandise sans emploi sur place et non transportable autre part.

En résumé, les procédés chimiques proposés jusqu'à présent sont

absolument insuffisants sous le rapport de l'épuration des eaux d'égout ;
on peut leur reprocher, en outre, de négliger entièrement la question
de l'utilisation de ces eaux et de ne produire qu'un engrais le plus souvent sans valeur. En se prononçant de la sorte, la Commission est bien
loin de condamner d'avance tout procédé de cet ordre ; il n'entre pas
dans sa pensée de nier le progrès d'une science qui, chaque jour, fournit
à l'industrie de nouveaux moyens d'action. Mais la Ville de Paris ne
peut attendre l'invention, qu'on n'entrevoit pas encore, de quelque
procédé plus parfait, et laisser couler jusque-là dans la Seine les collecteurs de Clichy et de Saint-Denis.

3° Epuration par le sol.

Le sol est incontestablement l'épurateur le plus parfait des eaux
chargées de matières organiques. Cette propriété est enseignée par les
faits naturels : les eaux de sources, le plus souvent si pures et si limpides,
ne proviennent-elles pas d'eaux superficielles souillées par des matières
végétales et animales ? Ces eaux ont donc été purifiées par leur trajet
dans l'intérieur du sol. Le témoignage fourni par les sources est confirmé
par les résultats pratiques des irrigations à l'eau d'égout instituées en
Angleterre ; enfin, cet ensemble de preuves a été complété par l'analyse
et l'expérimentation scientifiques. Aujourd'hui, personne ne peut con-
tester l'évidence des faits ; mais on n'est pas encore d'accord, au moins
en France, sur les conditions dans lesquelles cette admirable propriété
de la terre doit être exploitée. La divergence des opinions provient simplement de la différence des points de vue sous lesquels on se place, et
l'on discute sans profit, parce que les questions sont mal posées. Nous
reviendrons bientôt sur ce point. Pour le moment, attachons-nous uniquement à acquérir des notions précises sur l'épuration des eaux par le
sol : apprenons comment se produit cette épuration et quelles sont les
conditions à remplir pour qu'elle atteigne toute sa perfection.

Comment se fait l'épuration par le sol.

Lorsque des eaux impures, celles des égouts par exemple, sont versées
sur un sol meuble, les matières insolubles sont d'abord arrêtées par la
surface comme par un filtre : quelques particules, assez ténues pour fran-

chir ce premier obstacle, sont bientôt fixées un peu plus bas. Tel est le premier effet produit; c'est un simple filtrage mécanique. L'eau, débarrassée des matières insolubles, descend plus avant; le sol s'en imbibe; chaque particule de terre s'enveloppe d'une couche liquide extrêmement mince; ainsi divisée, l'eau présente à l'air confiné dans le sol une surface énorme; alors s'opère le second effet de l'irrigation, la combustion de la matière organique dissoute dans l'eau d'égout. On dit que le feu purifie tout; et, en effet, il n'y a pas de matière organique si impure, si malsaine, que le feu ne transforme, avec le concours de l'oxygène de l'air, en acide carbonique, eau et azote, composés minéraux absolument inoffensifs. Eh bien! dans l'intérieur du sol, se passe un phénomène de même ordre, non plus violent et visible comme le feu, mais lent, sans aucun signe extérieur; ce n'en est pas moins une combustion qui réduit toute impureté organique en acide carbonique, eau et azote; il lui arrive même d'être plus parfaite que la combustion vive, et d'oxyder, de brûler l'azote, ce que le feu ne sait pas faire. L'azote est, en effet, beaucoup moins combustible que le carbone et l'hydrogène, c'est-à-dire qu'il se combine beaucoup plus difficilement que ces corps avec l'oxygène; c'est pourquoi la transformation de l'azote organique en acide nitrique est le signe d'une parfaite combustion dans le sol. Quant aux matières insolubles retenues à la surface, elles n'échappent pas davantage à la combustion lente, surtout quand un labour les a incorporées dans le sol. Tout ce qui en reste est un sable extrêmement fin qui comptera désormais parmi les éléments minéraux de la terre.

Le sol n'agit pas seulement en divisant l'eau et multipliant ses contacts avec l'oxygène. Selon toute apparence, il possède une vertu propre qu'il doit à l'*humus* ou *terreau*, en d'autres termes à ces résidus de l'oxydation des matières végétales dont aucune terre n'est entièrement dépourvue. Cette vertu est mise en évidence par une expérience très-simple : qu'on arrose d'une dissolution très-étendue d'ammoniaque un mélange de sable calciné et de craie placé dans un tube large et bien aéré; au bout de plusieurs semaines, pas une trace d'ammoniaque n'aura été brûlée et convertie en nitrate. Mais, si le sable et la craie sont mêlés avec un peu de terreau de jardinier, la nitrification de l'ammoniaque s'effectuera en quelques jours. Tout dernièrement, M. Boussingault a publié des expériences déjà anciennes sur la nitrification; l'azote du sang, de la chair, des chiffons de laine, de la paille, des tourteaux, n'a pas été nitrifié quand ces matières étaient divisées dans du sable ou de la craie, mais il l'a été quand le sable et la craie ont été remplacés par la terre végétale. Il paraît bien, d'après ces expériences, qu'il y a dans le terreau une propriété d'exciter la combustion de certaines substances, notamment de l'ammoniaque. Cette propriété est probablement liée avec celle de l'absorption des matières solubles, si nettement démontrée par les belles expériences de MM. Huntable, Thompson et Way, et en vertu de laquelle la terre végétale fixe sur ses particules, dans une certaine mesure, les composés organiques ou minéraux solubles. On peut présumer que les composés organiques, après leur fixation sur le terreau, participent à sa combustion lente, étant allumés en quelque sorte, ou *entraînés* par lui, selon l'expression familière aux chimistes. Quoi qu'il en soit, le fait existe ; il y a, dans la terre végétale, quelque chose qui accélère la combustion des substances organiques : c'est ce qui permet de comprendre les différences d'action qu'on a remarquées dans les divers sols. Ceux qui sont argileux, généralement riches en terreau, parce que l'argile conserve la matière humique, épurent mieux que les sols sableux ; mais l'air, agent indispensable de la combustion, s'y renouvelle plus lentement. Les sols sableux sont d'ordinaire assez pauvres en terreau ; mais la circulation de l'air y atteint sa plus grande activité. Ainsi, les deux types extrêmes ont chacun leur avantage et leur inconvénient, dont on ne connaît pas encore la mesure, et que partagent, à des degrés divers, tous les sols de composition intermédiaire.

Dans les documents sur l'irrigation par les eaux d'égout, on associe souvent le sol et les plantes comme agents épurateurs. Il y a là sans doute une confusion : le sol nu, sans végétation, suffit pour une purification parfaite ; s'il lui fallait le concours des plantes, comment se ferait l'épuration pendant l'hiver, ou pendant l'été entre deux cultures consécutives? L'expression « épuration par les plantes » emporte l'idée qu'elles absorbent, pour vivre, une partie des impuretés organiques des eaux. Or, rien n'autorise une hypothèse semblable. Il est parfaitement établi que les plantes vivent de composés minéraux : acide carbonique, eau, ammoniaque, acide nitrique, phosphates, etc. Elles organisent la matière minérale. Quant aux substances organiques contenues dans les eaux, elles sont généralement très-peu diffusibles à travers les membranes qui revêtent les organes d'absorption des racines, et il est rationnel de penser que leur rôle, comme aliments directs, est très-réduit. Les plantes ne les absorbent pas en quantité notable ; elles concourent cependant à l'épuration, mais d'une autre manière ; par l'évaporation, elles dépensent une partie de l'eau versée sur le sol, et servent ainsi à l'évacuation des liquides. Elles laissent dans le sol et à sa surface des restes de leur végétation qui serviront à entretenir, à augmenter la provision de terreau. Elles consomment enfin une partie de l'ammoniaque ou de l'acide nitrique qui en dérive, et en déchargent d'autant les eaux épurées. Il est presque superflu de faire observer que la culture est ici envisagée exclusivement au point de vue de l'épuration : il ne s'agit pas encore de l'utilisation des eaux d'égout.

Quelles sont les conditions à remplir pour obtenir une bonne épuration ?

Pour discerner ces conditions, il suffit de considérer le mécanisme de l'épuration : on y voit deux mouvements, celui de l'eau, celui de l'air. Le mouvement de l'eau se décompose en trois temps : la distribution des eaux impures à la surface, la filtration à travers le sol épurateur, l'évacuation des eaux épurées, c'est-à-dire l'arrivée, le travail, le départ. Le mouvement de l'air consiste en échanges entre le sol et l'atmosphère ayant pour effet de renouveler constamment la provision d'oxygène dans le sol à mesure qu'elle est consommée par la combustion des impuretés de l'eau.

Il y a des dépendances évidentes entre ces divers mouvements et le pouvoir épurateur du sol : l'aération et la circulation de l'eau sont comme des pourvoyeurs de l'épuration, lui apportant, l'un le gaz comburant, l'autre la matière combustible, dans les proportions voulues. Or, le pouvoir épurateur du sol, ou, en d'autres termes, la quantité d'impuretés qu'il peut brûler dans un temps donné, lui appartient en propre ; on ne le change pas ; on le prend tel qu'il est. Mais il est possible de le mesurer, et, par conséquent, de régler l'apport des impuretés qu'il doit consumer, comme on règle l'apport du bois dans un foyer, quand on sait combien celui-ci en peut brûler. Sans être maître de l'aération, on peut beaucoup sur elle : on la favorise en ameublissant le sol par des labours profonds ; on l'excite par le drainage ; on peut lui nuire aussi par l'excès de l'irrigation. Quant à sa mesure, on ne la connaît pas ; on n'a aucune idée des quantités d'air qui circulent entre la terre et l'atmosphère.

Enfin, les mouvements de l'eau sont entièrement à la disposition de l'homme : il en règle la distribution, et même l'évacuation, avec une complète liberté.

On voit, d'après ces courtes observations, que les conditions de bonne épuration dont l'homme peut disposer se rapportent à l'aération du sol et aux mouvements des eaux.

Aération.

Lorsque le sol a reçu les préparations mécaniques destinées à faciliter la circulation de l'air, on n'a plus d'action sur l'aération, si ce n'est par les apports d'eau. Les conditions qui la concernent rentrent donc parmi celles qui doivent régler les mouvements de l'eau.

Distribution et filtration de l'eau.

L'épuration est un phénomène de combustion lente, continue ; la circulation de l'air est un fait mécanique, également continu. La perfection, dans les mouvements de l'eau, consisterait donc à les rendre continus à leur tour. Mais cela n'est pas possible ; l'irrigation est nécessairement intermittente ; la filtration et l'évacuation le deviennent après elle. Cette intermittence, quand elle est convenablement réglée, ne nuit pas à la continuité de l'opération principale ; mais il est évident que les variations de la distribution dans le temps et dans la quantité doivent être comprises entre certaines limites, en dehors desquelles l'épuration est compromise.

Il faut bien fixer les idées sur ce point et, pour cela, étudier de plus près le mouvement de l'eau dans un sol filtrant.

Un grand tube vertical de 10 centimètres de large, par exemple, sur 1 mètre de long, est rempli de terre meuble : on y verse de l'eau, de manière à mouiller plus qu'il ne faut toute la terre, et on laisse bien égoutter. Puis on verse de nouveau dans le tube une petite quantité d'eau. Que devient-elle ? Va-t-elle parcourir toute la longueur du tube, cherchant à se loger quelque part, trouvant toutes les places prises, et finissant par s'écouler par le bout opposé ? Non ; elle prendra simplement la place d'un volume d'eau égal logé dans le haut du tube ; celui-ci va descendre et déloger à son tour un égal volume qui demeurait au-dessous de lui, et ainsi de suite. C'est ce qu'on appelle en chimie un déplacement. On en aura une image fidèle en supposant qu'un tube est exactement rempli de disques égaux et qu'on en veut introduire un nouveau par un bout ; il faut repousser tous les disques d'une quantité égale à l'épaisseur de l'un d'eux, ce qui fait sortir du tube le disque placé à l'autre extrémité. Ainsi procède la filtration de l'eau dans l'irrigation intermittente. L'eau d'un arrosage déplace celle du précédent, et l'on peut concevoir l'intérieur du sol épurateur comme divisé en couches horizontales dont chacune est occupée par l'eau d'un arrosage antérieur. Assurément les choses ne se passent pas en pratique avec la précision d'une expérience de laboratoire ; ainsi, l'eau versée dans une rigole rayonne en divers sens comme autour d'un axe et ne s'enfonce pas partout verticalement ; mais la répétition des mêmes manœuvres emporte la répétition des mêmes effets ; l'eau prend les mêmes chemins, et le déplacement régulier doit se produire plus exactement qu'on ne saurait tenté de le croire à première vue. Ainsi, l'eau versée par intermittence à la surface d'un sol filtrant s'y enfonce méthodiquement, par relais successifs, et c'est pendant qu'elle en parcourt l'épaisseur que s'opère la combustion de ses impuretés. Or, cette combustion, on l'a déjà dit, n'est pas instantanée ; elle est, au contraire, lente et continue ; voici donc deux intervalles de temps qui commencent ensemble : le temps employé par l'eau à faire son trajet, le temps employé par le sol à faire l'épuration de cette eau. N'est-il pas évident que si le temps du trajet de l'eau est plus court que celui de l'épuration, l'eau sortira du sol sans être entièrement épurée, et que, au contraire, si le temps du trajet égale ou dépasse le temps réclamé par l'épuration, la combustion des impuretés sera complète et l'eau parfaitement épurée ?

On voit clairement apparaître la condition essentielle que doit remplir la distribution de l'eau pour que l'épuration soit complète ; il faut qu'elle soit réglée de telle sorte que l'eau demeure toujours dans l'intérieur du sol, au moins le temps voulu pour une complète épuration. Or, quand on connaît ce temps (et l'on verra bientôt comment on arrive à le déterminer par l'expérience directe), la réglementation de la distribution est indiquée par un calcul fort simple dont voici un exemple :

On a reconnu, par expérience, qu'un sol caillouteux, comme celui de

Gennevilliers, retient, après avoir été saturé d'eau et bien égoutté, 150 litres d'eau par mètre cube ;

On admet que le sol filtrant a deux mètres de profondeur ; après avoir parcouru cette épaisseur de sol, l'eau est évacuée ;

On sait, d'autre part, que le temps nécessaire pour une épuration complète dans le sol en question est de vingt jours (1).

Sur ces données, on va raisonner de la manière suivante :

Si 1 mètre cube de terre retient 150 litres d'eau,

2 mètres cubes en retiennent 300 litres ;

Donc, dans notre terrain, à chaque mètre superficiel correspond un volume d'eau, supendu dans l'intérieur du sol, de 300 litres.

L'eau doit mettre au moins vingt jours pour descendre de la surface à une profondeur de 2 mètres ; mais le volume d'eau descendu dans ces conditions est justement de 300 litres.

Donc, le maximum de la distribution d'eau est de 300 litres en vingt jours pour 1 mètre superficiel,

Ou 150 litres tous les dix jours,

Ou 105 litres toutes les semaines,

Ou 75 litres tous les cinq jours,

Ou 30 litres tous les deux jours,

Ou 15 litres chaque jour.

Il faudrait bien se garder de donner en une fois, tous les vingt jours, 300 litres par mètre superficiel, ou même 150 litres tous les dix jours : le déplacement méthodique des eaux dans le sol se fait mal quand il est trop brusque, et si l'on opérait par grandes quantités données à des intervalles de temps éloignés, une partie de l'eau impure descendrait tout droit jusqu'au bas du filtre et s'échapperait sans être épurée. Plus les arrosages sont fréquents et, par suite, faits sous de petites doses, mieux s'opère la descente régulière de l'eau, par déplacement, dans toute l'épaisseur du filtre. C'est pourquoi M. Frankland a recommandé des arrosages journaliers ; sans aller jusqu'à ce degré de régularité difficilement conciliable avec la culture du sol, on doit néanmoins s'astreindre à ne jamais compromettre l'épuration par un arrosage trop abondant. On peut laisser chômer le pouvoir épurateur du sol en suspendant ou diminuant les arrosages dans l'intérêt des cultures ; mais il ne faut jamais

(1) Il est presque superflu de faire observer que ce nombre de jours est hypothétique ; il ne s'agit ici que de présenter un exemple de calcul.

essayer de réparer le temps perdu en donnant au sol plus qu'il ne peut épurer.

Il est d'ailleurs impossible de fixer d'une manière générale par des chiffres constants la dose des arrosages, ou l'intervalle de temps entre chacun d'eux ; il y a trop de variabilité dans les éléments qui déterminent ces chiffres, c'est-à-dire dans le pouvoir épurateur du sol, dans son épaisseur, dans la quantité d'eau qu'il retient par capillarité. Dans chaque cas particulier, il faut faire un calcul semblable à celui dont on vient de présenter un exemple, et fondé sur des données expérimentales propres au terrain.

Evacuation des eaux.

Il y a des terres, comme celles du pays de Caux, qui sont placées sur des sols filtrants très-élevés au-dessus des eaux souterraines ; toute précaution prise dans ces terres, en vue de l'évacuation, serait superflue. Mais, le plus souvent, surtout quand la distribution atteint une certaine importance, il est indispensable d'ouvrir un chemin aux eaux épurées. C'est au drainage qu'on a recours ; son établissement est évidemment nécessaire dans les terrains compactes reposant sur des sous-sols peu perméables, comme il y en a beaucoup en Angleterre. Sans lui, l'eau s'accumulerait dans le sol et remplirait les interstices réservés à l'air ; dès lors seraient supprimées à la fois l'aération, la combustion des matières organiques, et par suite l'épuration ; la putréfaction s'emparerait du terrain. La nécessité de drainer s'impose encore dans des cas où l'on pourrait s'en croire dispensé, par exemple lorsqu'un terrain graveleux, essentiellement filtrant, est placé sur un fond imperméable : les eaux d'infiltration rassemblées sur ce fond s'écoulent selon sa pente en filtrant à travers les matériaux du sol ; or, si l'inclinaison est faible, si la distance à parcourir est considérable, si la distribution à la surface est faite avec l'abondance que la nature du terrain semble autoriser, il se forme une nappe souterraine qui augmente d'épaisseur jusqu'à ce qu'elle ait pris une pente suffisante pour son écoulement. La hauteur du sol épurateur peut être ainsi diminuée et devenir trop faible pour assurer l'épuration complète.

En résumé, entretenir le plus possible l'aération du sol ; distribuer l'eau régulièrement, c'est-à-dire en même quantité et à des intervalles

de temps égaux, de manière que sa descente à travers le sol dure au
moins le temps voulu pour son épuration ; prendre, quand cela est
nécessaire, des dispositions pour l'évacuation de l'eau, afin de ne
jamais l'accumuler dans le sol : telles sont les conditions d'une bonne
épuration.

Détermination du pouvoir épurateur d'un sol.

Ce pouvoir doit toujours être déterminé par une expérience directe.
C'est au docteur Frankland qu'on doit la méthode usitée en pareil cas.

Un tube vertical de 25 à 30 centimètres de diamètre sur 2 mètres de
long, et dont l'extrémité inférieure s'appuie sur du gravier contenu
dans un bassin, est rempli avec la terre dont il s'agit de reconnaître le
pouvoir. Chaque jour, on verse sur la terre un volume connu et constant d'eau d'égout, assez faible pour que l'épuration soit parfaite, et on
continue le même régime pendant plusieurs semaines; puis on passe à
une dose journalière d'eau d'égout plus élevée et on la maintient encore
pendant plusieurs semaines, et ainsi de suite, en augmentant toujours la
dose, jusqu'à ce que l'analyse des liquides filtrés annonce qu'on a atteint
la dose maxima à partir de laquelle l'épuration est imparfaite. La capa-
cité du tube étant d'ailleurs connue, on calcule sans peine la dose correspondant à un mètre cube de terre. M. Frankland a montré ainsi que :

1 mètre de sable épure par jour 25 et même 33 litres d'eau d'égout
de Londres ;

1 mètre de sable mêlé de craie épure par jour les mêmes quantités
d'eau.

Des terres sableuses, argileuses, tourbeuses, lui ont fourni des résultats égaux ou supérieurs.

Dans des essais de ce genre, il importe que la terre mise en expérience
représente fidèlement le sol dont il s'agit de mesurer le pouvoir épurateur. Or, le plus souvent, ce sol n'est pas homogène : il se compose
de plusieurs couches de composition différente. Il faut que chacune de
ces couches occupe sa place dans l'appareil, comme si l'on avait découpé
dans toute l'épaisseur du sol un cylindre de terre vertical et qu'on l'eût
transporté dans un tube.

Quand l'expérience a appris combien de litres d'eau peuvent être
épurés par 1 mètre cube de terre, on en déduit sans peine les données

qu'il importe de posséder, savoir : la quantité d'eau qu'un hectare peut recevoir par jour ou par an, et le temps pendant lequel l'eau demeure suspendue dans le sol, c'est-à-dire le temps nécessaire pour l'épuration.

Par exemple, 1 mètre cube de sable épure par jour, dans les expériences de M. Frankland, 25 litres d'eau d'égout de Londres ;

Donc, dans un sol pareil, ayant 2 mètres d'épaisseur, chaque mètre superficiel pourra recevoir 50 litres d'eau par jour, soit, pour un hectare, 500 mètres cubes par jour et 182.000 mètres cubes par an.

D'autre part, soit 150 litres la quantité d'eau qu'un mètre cube de sol égoutté peut retenir (ce nombre est facile à déterminer expérimentalement, en pesant le tube plein de terre sèche avant l'introduction de l'eau et le repesant de nouveau après mouillage et égouttage).

Puisque 1 mètre épure par jour 25 litres,

Et qu'il en retient suspendus 150,

L'eau y demeure $\frac{150}{25} = 6$ jours.

Tel est le temps strictement suffisant pour l'épuration, dans le cas présent.

Autre exemple :

MM. les Ingénieurs de la Ville de Paris ont fait passer journellement 10 litres d'eau d'égout sur 1.280 litres de terre de Gennevilliers, formant dans une caisse un prisme de 2 mètres de haut sur 0 m. 80 de large.

L'épuration a été complète.

Ces 10 litres par jour donnés à 1.280 litres de terre représentent :

7 litres 81 par jour donnés à 1 mètre cube,

Soit 15 litres 6 à chaque mètre superficiel d'un sol pareil ayant 2 mètres de profondeur,

Soit 156 mètres cubes par jour à 1 hectare,

Soit 57.000 mètres cubes par an à 1 hectare.

Quel est le temps employé par l'eau à parcourir les 2 mètres de hauteur du sol ?

A 1 mètre superficiel correspondent 2 mètres de terre retenant 300 litres, et chaque mètre superficiel reçoit par jour 15 litres 6.

Temps : $\frac{300}{15,6} = 19$ jours.

MM. les Ingénieurs de la Ville n'ont pas essayé des doses supérieures à 10 litres pour déterminer, selon la méthode de M. Frankland, la dose limite au delà de laquelle l'épuration ne serait plus complète. Il en résulte que la dose annuelle de 57.000 mètres cubes par hectare ne peut être envisagée comme une dose maxima pour la terre de Gennevilliers ; par la même raison, les 19 jours trouvés par le calcul ci-dessus ne sont pas un temps minimum de séjour de l'eau dans le sol.

La détermination du pouvoir épurateur d'un sol par le procédé de M. Frankland a permis à des praticiens anglais de calculer, en plusieurs occasions, la surface qu'ils devaient consacrer à l'épuration d'un volume d'eau d'égout produit journellement par une ville. Quand on transporte ainsi dans la pratique un résultat acquis dans le laboratoire, il faut toujours se rappeler que l'application en grand ne saurait réaliser les conditions de régularité dans les intermittences des arrosages et dans les doses, qu'il est facile d'observer dans l'expérience en petit. Les doses maxima déterminées dans le laboratoire doivent donc subir une réduction ; néanmoins, même en faisant une part très-large aux imperfections inévitables de la pratique, c'est-à-dire en forçant l'étendue du terrain destiné à l'épuration, on est arrivé, en Angleterre, à faire épurer sur des surfaces limitées des quantités considérables d'eau d'égout, s'élevant jusqu'à 200.000 mètres cubes par an et par hectare.

L'application la plus connue du procédé d'épuration par filtrage à travers le sol est celle qui a été faite par M. Bailey-Denton, à Merthyr-Tydfil, en 1870, et dont les résultats ont été vérifiés par MM. Frankland et Morton. L'irrigation est pratiquée à raison de 180 à 240.000 mètres cubes par hectare et par an ; le sol filtrant a une profondeur de 2 mètres ; c'est une argile placée sur du gros gravier ; l'épuration est aussi complète qu'on peut le désirer. Sans doute la dose maxima qu'un sol peut épurer varie selon sa composition et sa richesse en terreau ; celui de Merthyr-Tydfil est probablement l'un des plus favorisés sous ce rapport. Il n'en est pas moins constant qu'en Angletere, *quand il s'est agi simplement d'épurer les eaux d'égout par filtration à travers le sol*, la dose annuelle a été comprise entre 80 et 200.000 mètres cubes par hectare, le sol ayant une épaisseur utile de 1 m. 8 à 2 mètres.

En recueillant ces renseignements divers sur le pouvoir épurateur du sol, la Commission s'est proposé principalement de former son opinion sur les quantités d'eau d'égout que peuvent épurer les terrains de la presqu'île de Gennevilliers et ceux fort analogues par leur constitution que l'avant-projet à l'enquête destine à l'irrigation. Les expériences faites d'après la méthode Frankland, à l'usine de Clichy, montrent qu'un hectare de sol de Gennevilliers peut épurer complétement 57.000 mètres cubes d'eau ; mais ce chiffre n'est point une limite supérieure. D'autre part, les expériences de M. Frankland assignent, même aux sols graveleux, un pouvoir épurateur beaucoup plus élevé. Aussi la Commission se croit autorisée à admettre avec une entière certitude que le sol de Gennevilliers, pris sous une épaisseur utile de 2 mètres, peut épurer 50.000 mètres cubes d'eau d'égout de Paris par hectare et par an, pourvu que toutes les conditions d'intermittences rapprochées et régulières et d'évacution des eaux soient remplies. Il est très-probable que cette dose de 50.000 mètres cubes pourrait être dépassée sans inconvénient ; néanmoins, la Commission la considère comme une dose maxima imposée aujourd'hui par le manque de surface irrigable et qu'il conviendra d'abaisser dès qu'une étendue suffisante de terrain le permettra.

Le rapport vient d'insister sur les conditions théoriques de l'épuration des eaux par le sol, sans se préoccuper des moyens à mettre en œuvre pour pratiquer le déversement des eaux à la surface du sol, c'est-à-dire l'irrigation. En effet, la Commission n'a pas à enseigner des détails d'exécution ; mais il lui appartient encore de signaler une différence importante que présentent, au point de vue spécial de l'épuration, les divers systèmes en usage.

Lorsque de l'eau d'égout est déversée par une rigole sur une surface peu inclinée et dressée, comme celle d'un pré, elle se divise en deux parts : l'une qui pénètre dans le sol, l'autre qui court à la surface et va s'écouler à l'extrémité de la pièce arrosée. Le rapport entre les deux parts dépend du degré de perméabilité du sol, de son inclinaison, de son étendue. L'eau infiltrée dans le sol rentre, quant à l'épuration, dans le cas général qui vient d'être longuement étudié ; celle qui n'est point absorbée se trouve dans des conditions nouvelles : la surface du sol, entrant en contact avec elle, lui prend, en vertu de son pouvoir absorbant, une partie de ses principes solubles, minéraux et organiques ; l'eau s'épure donc ; mais cette épuration est imparfaite, parce que le pouvoir absorbant est lui-même imparfait et que, d'ailleurs, la combustion lente, véritable agent de l'épuration, n'a pas le temps de produire un effet sensible. Aussi convient-il de diriger l'eau d'une première pièce sur une deuxième, puis sur une troisième, s'il est possible. Il y a, du reste, une foule de degrés d'épuration dans ce mode d'irrigation, selon les conditions dans lesquelles elles sont exécutées, et il ne manque pas d'exemples d'épuration très-satisfaisante obtenue de la sorte ; mais, en thèse générale, la filtration à travers le sol donne des résultats plus sûrs, plus complets, parce qu'elle met en œuvre à la fois le pouvoir absorbant du sol et la combustion lente des matières organiques ; elle peut épurer aussi, dans le même temps, des volumes d'eau beaucoup plus considérables.

4° Procédés chimiques et filtration par le sol, employés simultanément.

Le rapport ne s'étendra point sur les combinaisons possibles entre les procédés chimiques et la filtration par le sol. La Commission pense que la filtration préalable des matières solides, légères, entraînables par les eaux dans les canaux d'irrigation, est inutile, l'eau d'égout les transportant et les distribuant gratuitement sur de larges surfaces. D'autre part, on ne peut guère compter, jusqu'à présent, sur la précipitation d'une fraction importante de matières organiques solubles ayant pour effet utile de diminuer la part réservée au sol dans l'épuration. En outre, il est à remarquer que les matières en suspension dans l'eau d'égout jouent un rôle avantageux pendant l'épandage des eaux dans des sols graveleux ; en obstruant partiellement les rigoles, elles permettent à l'eau de s'étendre plus également. Des eaux limpides seraient absorbées par ces sortes de terrain avec une extrême avidité, et l'on pourrait renouveler avec elles l'expérience de M. Belgrand sur l'absorption des eaux limpides de la Vanne par le sable de la forêt de Fontainebleau (1). L'opération nécessaire et suffisante qui doit précéder le déversement des eaux sur le sol est l'élimination des sables par un procédé mécanique. La Commission sait que MM. les Ingénieurs de la Ville n'ont pas perdu de vue cette obligation.

Utilisation des eaux d'égout.

Jusqu'ici, le rapport s'est placé au point de vue exclusif de l'épuration. Il est indispensable maintenant de traiter une question plus dé-

(1) L'un des orifices de décharge de l'aqueduc est établi au delà d'Arbonne, dans une vallée écartée de la forêt : en mai, juin et juillet 1873, cet orifice a débité, en 36 jours, sur une surface d'un hectare, 822.480 mètres cubes d'eau *limpide*. L'absorption a été, en moyenne, par jour et par mètre carré de surface, de 2 mètres cubes 28 centièmes ; en d'autres termes, chaque mètre superficiel a absorbé chaque jour une tranche d'eau de 2 m. 28 de hauteur. Dès que l'écoulement cessait, le lac formé par les eaux tombait à sec. (Belgrand, *Comptes rendus de l'Académie des sciences*, 1873.)

licate, sur laquelle cependant la Commission s'est formé une opinion bien déterminée : c'est la question de l'utilisation par l'agriculture des principes fertilisants contenus dans les eaux d'égout.

On ne peut pas extraire ces principes des eaux qui les tiennent en dissolution : livrer ces principes à l'agriculture, c'est lui livrer les eaux, c'est faire de l'irrigation. Ainsi, pour utiliser les eaux d'égout, il faut irriguer, et, pour les épurer, il faut encore irriguer. Les deux questions d'utilisation et d'épuration semblent devoir être résolues par les mêmes procédés. Toutefois, leurs solutions diffèrent en un point essentiel : c'est que l'une exige dix à vingt fois plus de superficie que l'autre. En général, on ne tient pas un compte suffisant de cette différence pourtant bien grande; on saisit mieux ce qu'il y a de commun entre les deux questions; on en vient à les confondre, et, finalement, on applique à l'une des données pratiques qui appartiennent à l'autre.

Pour éviter toute confusion, la Commission tient à séparer nettement les deux questions; il suffit pour cela de montrer combien elles diffèrent. Les agriculteurs savent maintenant que la restitution est la condition d'une production indéfinie : la loi naturelle veut que les principes fertilisants contenus dans les débris des êtres organisés retournent aux champs d'où ils sont sortis; ceux que renferment les eaux d'égout doivent donc être restitués au sol par l'irrigation. Par leur quantité et leur valeur, ils méritent qu'on en tienne compte : les deux collecteurs rejettent en Seine, chaque année, 5.400.000 kilogrammes d'azote, représentant une valeur de 13 à 14 millions. Laissant de côté la potasse et les phosphates pour ne considérer que l'azote, on calcule que ces 5.400.000 kilogrammes d'azote équivalent à 1.200 millions de kilogrammes de fumier de ferme au titre de 0,0045 d'azote et représentent la fumure de 40.000 hectares à raison de 30.000 kilogrammes par hectare et par an, ce qui dépasse beaucoup la moyenne des fumures en France. Il faudrait au moins 60.000 hectares le jour, qu'on doit souhaiter de voir bientôt, où les égouts exporteraient à l'état vert, c'est-à-dire avant la fermentation en fosse qui les rend si infectes, toutes les déjections de Paris. Quelle est, d'autre part, la superficie nécessaire pour épurer les eaux d'égout de Paris? Leur volume annuel est de 100 millions de mètres cubes : si un hectare épure 50.000 mètres cubes, il en faudra 2.000. Qu'on réduise le volume épuré par un hectare à 37, à 25.000 mètres cubes, il faudra 3 et 4.000 hectares.

On voit clairement la différence énorme entre les superficies nécessaires pour l'une et l'autre opération.

Elles se distinguent encore sous d'autres rapports.

L'épuration sur une surface restreinte asservit à des conditions de distribution, de drainage, qu'il est assez malaisé de bien remplir. L'utilisation sur de larges surfaces en est presque exempte ; en effet, on peut avec elle choisir le temps et la dose des arrosages ; la culture des céréales et l'alternance deviennent possibles ; le drainage perd son importance quand on distribue seulement de 3 à 10.000 mètres cubes par hectare et par an, ce qui représente déjà de 170 à 560 kil. d'azote. Quand on utilise réellement les eaux d'égout, la culture est la grande affaire ; l'épuration se fait, en quelque sorte, sans qu'on y prenne garde ; quand on épure, l'épuration est presque tout : la culture n'a par elle-même qu'une importance bien secondaire : en effet, 3 à 4.000 hectares peuvent-ils rendre le produit de 40 à 60.000, lors même qu'ils seraient uniquement consacrés à des cultures épuisantes et répétées comme celle des plantes potagères? Il est clair que l'azote du pain, de la viande et des légumes, sans compter d'autres sources, que l'on consomme à Paris, ne peut pas y retourner sous la forme unique de légumes. La vraie utilité de la culture, dans l'épuration, c'est de décider les cultivateurs à prêter à l'entreprise leurs champs et leurs bras.

Cette comparaison entre l'utilisation et l'épuration suffit pour démontrer combien l'une est plus satisfaisante que l'autre. Ainsi l'ont compris les villes anglaises, qui ont choisi l'utilisation quand le choix leur a été possible. L'ouvrage de M. Ronna en cite un certain nombre, mais ce sont de petites villes. Quand une cité compte de 10 à 20.000 habitants et produit 1 à 2 millions de mètres cubes d'eau d'égout, il lui faut de 100 à 200 hectares pour une utilisation agricole bien entendue. Cette superficie peut être achetée, ou louée, en un ou plusieurs lots, dans les environs. Qu'on double, qu'on quadruple le nombre des habitants, il devient déjà bien difficile de trouver 400, 800 hectares, et, quand la ville a de 1 à 2 millions d'habitants, la difficulté prend de telles proportions, qu'on renonce à la vaincre. En fait, il n'y a pas une grande ville, en Angleterre, qui utilise réellement toutes les eaux d'égout.

Certes, il est souhaitable que toutes les eaux d'égout de Paris, élevées par des machines à des niveaux suffisants, soient conduites au loin par des canaux et utilisées avec empressement par l'agriculture. Mais

comment en venir là? Si riche qu'elle soit, une ville ne peut pas acquérir 40 à 50.000 hectares pour y organiser tout un système de culture; elle ne peut pas davantage installer à grands frais des machines
élévatoires et des canaux, pour aller offrir des eaux fertilisantes à des
cultivateurs qui ne les demandent pas. Ses intérêts immédiats s'y oppo-
sent, et l'obligation d'obéir à la loi de restitution ne va pas jusque-là.
Pour mener à bien une si vaste entreprise, il faut le concours de tous
les intéressés, et principalement celui des détenteurs du sol, et ce concours ne sera obtenu que lorsque les cultivateurs comprendront combien
l'emploi des eaux d'égout leur serait profitable. L'utilisation réelle de
ces eaux est au fond une question d'instruction. Combien de temps faudra-t-il pour faire cette instruction? combien, pour vaincre des habitudes invétérées de culture, pour en faire adopter de nouvelles? pour
grouper des intérêts divisés, vaincre des oppositions dont la presqu'île
de Gennevilliers donne un exemple frappant?... Une telle révolution ne
peut se faire en quelques années. Et, en attendant, les collecteurs conti-
nueront à vomir leurs eaux dans la Seine. Cela n'est pas admissible;
l'état de choses actuel ne peut durer; il faut que Paris cesse d'infecter
des eaux qui ne lui appartiennent pas. Il y a là un devoir précis qui
peut et doit être rempli sans retard. Donc, avant tout, la Ville doit
épurer ses eaux d'égout; l'œuvre de Gennevilliers est, avant tout, une
entreprise d'épuration.

Il faut quelque fermeté pour se prononcer si nettement en faveur d'une
opération dont on reconnaît toute l'imperfection; mais la Commission
n'entend pas sacrifier définitivement l'utilisation des eaux d'égout; elle
est au contraire persuadée que, tout en cédant aux nécessités présentes,
la Ville en préparera la réalisation dans l'avenir. Certaines entreprises
ont le privilége d'être poursuivies sans relâche et rapidement terminées,
parce que leur utilité est évidente et frappe tous les esprits. D'autres,
aussi utiles, ne sont point d'abord comprises; elles ont des commence-
ments laborieux, entravés par les tâtonnements et les luttes; il leur faut
convaincre les incrédules et former l'opinion. Cependant, si elles procè-
dent de principes vrais, elles grandissent et finissent par conquérir tout
leur développement. Il en est et il en sera ainsi de l'œuvre commencée à
Gennevilliers. Les 6 hectares du jardin de la Ville ont été sa première
étape; l'extension de l'irrigation dans la plaine de Gennevilliers est la
seconde; la forêt de Saint-Germain sera la troisième. De là, l'eau pourra

être menée partout où il conviendra par le prolongement des canaux, et ainsi l'épuration simple se transformera en utilisation réelle, à mesure que la surface s'étendra, car, il faut bien le remarquer, on passera de l'une à l'autre, sans transition brusque et sans rien sacrifier des dispositions déjà exécutées en vue de l'épuration. C'est là le trait caractéristique de l'entreprise de la Ville ; la solution imparfaite donnée dans le principe à la question des eaux d'égout, en vue d'un devoir à remplir, devient la solution complète, par le seul fait de son développement.

CHAPITRE II

ENQUÊTE DE LA COMMISSION

Sommaire.

§ 1. — L'ENQUÊTE AU POINT DE VUE DE L'EMPLOI DES EAUX.

Emploi des eaux à Gennevilliers. — Faits constatés par la Commission. — Discussion des faits concernant la nappe d'eau souterraine, la purification des eaux d'égout, la conservation des propriétés du sol, l'utilisation des eaux à Gennevilliers. — Emploi des eaux dans l'avant-projet soumis à l'enquête.

§ 2. — L'ENQUÊTE AU POINT DE VUE DE LA SALUBRITÉ.

Oppositions fondées sur l'insalubrité des irrigations. — Faits constatés. — Discussion des faits et des opinions produites. — Discussion concernant les irrigations prévues par l avant-projet. — Conclusions.

§ 3. — L'ENQUÊTE AU POINT DE VUE DES INTÉRÊTS MATÉRIELS.

Oppositions fondées sur la dépréciation des propriétés, par suite de l'insalubrité, des inondations, des émanations. — Recherches de la Commission. — Conclusions.

§ 1er. — L'ENQUÊTE AU POINT DE VUE DE L'EMPLOI DES EAUX.

Emploi à Gennevilliers.

Commencée en 1869 sur 6 h. 1/2 achetés par la Ville, l'irrigation a pris, les années suivantes, un développement croissant, ainsi qu'il ressort du tableau ci-dessous, extrait du rapport de la Commission mixte qui fut chargée en 1874 de proposer les mesures à prendre pour remédier à l'infection de la Seine :

1869	6 h.	38 a.
1870	24	8
1871 (guerre et Commune).		
1872 : { juillet	45	4
{ novembre	51	2

$$1873 : \begin{cases} \text{mai} \dots \dots \dots \dots \dots \dots \dots & 62 \quad 3 \\ \text{décembre} \dots \dots \dots \dots \dots & 88 \quad 4 \end{cases}$$

1874 : août. , 115   5

Actuellement, en juillet 1876, l'irrigation s'étend sur 220 hectares et consomme de 40.000 à 50.000 mètres cubes par hectare et par an.

L'usage de l'eau est absolument libre ; aucun cultivateur n'est obligé d'en prendre, ce qui est bien naturel ; chacun peut en consommer autant qu'il lui convient et l'appliquer à toute culture qu'il juge convenable. Il n'existe pas d'état indiquant la consommation de chaque preneur ; on connaît seulement l'étendue irriguée, le volume total d'eau dépensée, et on en déduit la consommation moyenne annuelle de chaque hectare.

Le sol irrigué est généralement disposé en billons séparés par des rigoles : les rigoles reçoivent l'eau ; les billons sont réservés pour les plantes. La culture potagère a le pas sur les autres ; mais un assez grand nombre de parcelles sont occupées par les pommes de terre, les betteraves, les céréales, la luzerne, les plantes de prairie. Quand il convient que le sol soit uni, il est simplement traversé par de petites rigoles, le plus souvent parallèles, établies à des distances de 3 à 4 mètres et plus. L'aspect général des cultures est des plus satisfaisants. Les légumes, dont on a tant calomnié la qualité, sont excellents, ainsi qu'en a pu s'assurer, par l'essai direct, chaque membre de la Commission. Au reste, la Société d'horticulture, qui a suivi avec le plus grand intérêt le développement de la culture à Gennevilliers, en a constaté le succès dans de nombreux rapports ; de plus, il est parfaitement établi, par des expériences de toute sorte poursuivies en Angleterre, que l'eau d'égout convient, sous des doses différentes, à toutes les plantes de la grande et de la petite culture.

L'eau circule à découvert dans les canaux. Au fond des rigoles est un dépôt noirâtre, formé par les matières en suspension, minérales et organiques, charriées par les eaux d'égout. Au moment de sa formation, ce dépôt semble imperméable ; mais, après quelque temps d'exposition à l'air, il prend l'aspect d'un feutre constitué par des poils et des débris végétaux parmi lesquels domine le crottin de cheval : ce feutre est perméable, et on peut le laisser au fond des rigoles pendant la durée d'une culture ; le labour l'incorpore ensuite dans la terre, où il se décompose comme toute matière organique. Son enlèvement peut se faire d'ailleurs sans peine et à peu de frais.

Les terrains caillouteux, comme il s'en trouve beaucoup dans la presqu'île de Gennevilliers, sont grandement améliorés par les dépôts de matières insolubles, minérales et organiques, que les eaux d'égout abandonnent à leur surface. Les éléments trop grossiers de ces terrains sont ainsi reliés par des éléments ténus, dont la proportion s'accroît d'année en année. Ces eaux d'égout opèrent ainsi un véritable colmatage ; elles apportent au sol, tout à la fois, l'engrais et la terre végétale elle-même. Tel est l'avantage principal, pour la culture, des arrosages d'hiver.

Lorsqu'on se place au centre des irrigations, on ne perçoit point l'odeur de la putréfaction, bien que l'eau coule ou ait coulé tout à l'entour dans des milliers de rigoles. Ce n'est pas à dire que l'eau et les hamps soient absolument inodores ; mais l'odeur est faible, peu ou point désagréable. Tout visiteur de la plaine de Gennevilliers est obligé de convenir qu'on a singulièrement exagéré les inconvénients des irriga- tions sous le rapport des émanations ; on a reporté sur elles le dégoût, bien naturel, inspiré par les immondices des villes. Il est essentiel qu'on connaisse la vérité sur ce point : l'eau d'égout, tant qu'elle coule à l'air, a très-peu d'odeur ; elle n'en prend qu'après un certain temps de repos dans un bassin ou un canal. Actuellement, le service n'étant pas con- tinu et ne pouvant l'être avec ses dimensions réduites, les eaux repo- sent, au moins pendant la nuit, dans les canaux ; le dépôt qui se forme alors est odorant au moment où on l'extrait par le curage ; mais, très- peu de temps après son exposition à l'air, son odeur s'évanouit, telle- ment l'oxydation est énergique à son début. Quant aux dépôts qui gar- nissent les rigoles, ils ne peuvent répandre aucune odeur, au moment de l'irrigation, quand ils sont sous l'eau ; et après, quand l'eau est bue et qu'ils émergent, l'air baigne leur surface, les pénètre et arrête toute émanation putride.

L'eau du puits situé dans le jardin de la Ville est limpide, sans mau- vais goût, bonne, selon toute apparence ; elle représente cependant une nappe alimentée en grande partie par les infiltrations des irrigations. MM. les Ingénieurs de la Ville ont établi un drain partant du jardin et aboutissant sur la berge de la Seine. Ce drain est une véritable source débitant une eau claire, fraîche, très-agréable à boire ; elle contient, comme l'eau du puits, une forte proportion d'eau d'égout épurée par le sol ; mais elle lui est bien supérieure, quoiqu'ayant la même origine, parce qu'elle représente réellement la nappe en mouvement, tandis que, dans le puits, l'eau demeure au repos et perd de sa qualité par la stagnation. L'analyse qui en a été faite au laboratoire de l'Ecole des ponts et chaussées a montré qu'elle ne contient qu'une trace, non dosable, de matière organique. Mais il faut remarquer, à ce sujet, que le jardin de la Ville est établi sur la bande de limon que la Seine a déposé sur ses bords ; ce limon constitue une excellente terre végétale, contenant, outre du sable, du calcaire, de l'argile et du terreau ; il doit jouir à un haut degré de la propriété d'épurer les eaux. Sous ce rapport, le sol graveleux de la plaine lui est probablement inférieur ; la pureté des eaux du puits et du drain du jardin ne semble donc pas une démonstration suffisante de l'épuration dans la plaine. Pour acquérir des assurances positives sur ce point, il faudrait faire l'analyse des eaux d'infiltration puisées en divers endroits de la surface irriguée, en dehors de la bande limoneuse.

La Commission a constaté l'abondance des eaux stagnantes dans les dépressions du sol : en plusieurs endroits dont la cote est comprise entre 26 et 27 mètres, l'eau débordée constitue de véritables marécages : tel est, en particulier, l'état de la parcelle de terre dite « pré Marchais », placée au sud du parc et dans son voisinage immédiat. Au centre de cette parcelle, il y avait une mare dont les bords étaient garnis de peupliers et de saules. L'eau, s'étant élevée, couvre autour de la mare une surface d'environ 3.000 mètres. Les peupliers sont morts ou en train de mourir ; les têtes des saules sont à fleur d'eau.

Dans le parc, la pièce d'eau située au sud a également débordé. Le parc est limité, de ce côté, par une haie d'aubépine, actuellement noyée ; l'aubépine est morte ; à son pied, en plusieurs endroits, on voit une mousse verte, marécageuse, de plusieurs centimètres d'épaisseur. Sans une levée de terre sur laquelle passe un chemin, les deux mares (on devrait dire les deux marais) n'en feraient qu'une.

Un semblable état de choses s'est produit également dans la dépression dite « fossé de l'Aumône », destinée, en temps de crues, à décharger les eaux de la plaine vers Argenteuil ; là encore, la cote est voisine de 26 et 27 mètres, et l'eau, inondant la surface du sol, forme des marécages. Il y a encore une grande quantité d'eaux stagnantes dans des fossés creusés en 1870 entre les villages de Gennevilliers et de Colombes pour l'établissement d'une fortification passagère.

La Commission insiste sur ces constatations, parce qu'elles l'ont éclairée sur la question d'insalubrité qu'elle aura à discuter dans le paragraphe suivant. Ces constatations se relient, d'ailleurs, avec des faits de même ordre signalés dans les dires de l'enquête, savoir : l'inondation de certaines caves et la putréfaction des eaux dans les puits. La Commission a consacré une séance entière à la vérification de ces dires, sur place, sous la conduite de plusieurs membres du Conseil municipal de Gennevilliers. Elle a vu, en effet, des caves inondées et des puits dont le niveau s'est élevé. Chez MM. Pommier, fabricants de produits chimiques, elle a reconnu que l'enfer des chaudières est envahi par l'eau et qu'il faut pomper continuellement pour que le chauffeur puisse remplir son service. Dans le parc de ces industriels, voisin de l'usine, le niveau d'une grande pièce d'eau s'est élevé au-dessus de la limite qui avait été prévue lors de la construction des escaliers, terrasse, balustrade qu'on remarque sur ses bords. La Commission a également visité l'usine de M. Chardin-Hadancourt, parfumeur, établie à peu de distance de la Seine, en aval du pont de Clichy et dans le voisinage immédiat des irrigations. On trouvera au procès-verbal de la séance du 18 juin quelques détails intéressants fournis par M. Chardin sur la coïncidence des irrigations avec l'envahissement de ses caves par l'eau. Depuis l'établissement d'un drainage très-simple conduisant les eaux à la Seine, les caves de M. Chardin ne sont plus inondées.

Après ces diverses constatations sur la distribution des eaux dans la plaine de Gennevilliers, sur les cultures, sur l'état des champs irrigués, sur le niveau des eaux souterraines, la Commission a discuté les faits recueillis par elle et les dires de l'enquête, et les a classés en quatre catégories sous les titres suivants :

1° Nappe souterraine ;

2° Purification des eaux ;

3° Conservation des propriétés du sol ;

4° Utilisation des eaux d'égout par la culture à Gennevilliers.

Au cours de ses investigations, la Commission critiquera sur divers points les dispositions adoptées par le service de la Ville ; elle présentera ses observations avec toute la netteté qu'elle s'efforce de mettre dans ses

appréciations : mais, pour prévenir toute fausse interprétation, elle tient
à déclarer que son enquête la conduit à approuver dans son ensemble
l'œuvre commencée à Gennevilliers ; elle tient aussi à témoigner de sa
grande et sympathique estime pour les Ingénieurs qui la dirigent. Quand
les imperfections inévitables d'un premier établissement auront été cor-
rigées et ne pourront plus servir de texte aux récriminations, il faudra
bien que les préventions tombent et que justice soit rendue à l'œuvre
et aux hommes qui ont mis à son service tout leur savoir et toute leur
activité.

Nappe souterraine.

Lorsque la nappe souterraine est, comme à Gennevilliers, à quelques
mètres au-dessous de la surface du sol, ses variations de niveau peuvent
avoir une influence énorme sur l'épuration, par les variations inverses
qu'elles font subir à l'épaisseur utile du sol filtrant. Par exemple, la
nappe est, en temps normal, à 3 mètres en contre-bas de la surface ; le
sol, libre d'eau, constitue alors un filtre aéré de 3 mètres d'épaisseur ;
mais la nappe vient à monter de 2 mètres : l'épaisseur du sol, dès lors
réduite à 1 mètre, devient tout à fait insuffisante pour l'épuration, si la
distribution d'eau d'égout a été réglée dans l'hypothèse de 2 mètres
d'épaisseur du sol actif. Or, quand l'épuration n'est pas terminée dans le
sol, il ne faut pas compter qu'elle s'achève dans la nappe ; celle-ci ne
contient pas assez d'oxygène et ne peut qu'être altérée par le reste d'impuretés demeuré dans les eaux d'infiltration qu'elle reçoit. Ces simples
observations font comprendre combien il importait à la Commission de
constater l'état de la nappe et ses variations dans la presqu'île de Gennevilliers.

Dans le principe, les irrigations ont été établies dans la partie la plus
élevée de la plaine, dont la surface est à la cote 30, comprise entre la
Seine et les deux routes menant de Gennevilliers à Aubervilliers et à
Neuilly. Dans cette partie, la nappe souterraine devrait être à la cote
24 mètres à 24^m,5, d'après la carte hydrologique de M. Delesse, dressée
en 1858 ; mais, depuis lors, le barrage de Bezons, établi en 1868, a relevé
de 1 mètre le niveau de la Seine à l'étiage et, par suite, celui des nappes
voisines. En réalité, la nappe devrait donc être à la cote de 25 à 25,5. Si
elle ne dépassait pas ce niveau, il resterait toujours de 4 mètres, à 4^m

d'épaisseur de sol filtrant; l'épuration n'aurait rien à craindre de la nappe souterraine. Mais, à mesure que l'irrigation s'étend, elle aborde des terrains dont la cote descend à 29, 28 et même 27 mètres. Que la nappe s'élève sensiblement, qu'elle passe, par exemple, de la cote 25,5 à la cote 26,5, il est clair qu'en beaucoup d'endroits irrigués l'épaisseur du sol filtrant descend au-dessous de 2 mètres et que l'épuration y est fort compromise. On peut même assurer qu'il faudrait renoncer à épurer en certains lieux déprimés où l'on a raison de ne pas étendre, pour le moment, les irrigations.

Eh bien, il est indubitable que la nappe est actuellement, en juillet 1876, surélevée au-dessus des cotes reconnues par M. Delesse, à l'étiage, en 1858, et que cette surélévation atteint une hauteur inquiétante pour l'épuration des eaux d'égout. La Commission va établir les faits, en indiquer les causes complexes, et poser la conclusion imposée par la nécessité d'assurer l'épuration.

La carte hydrologique de M. Delesse assigne à la nappe souterraine la cote 24,6 dans le village de Gennevilliers, la cote 24,3 au moulin de la Tour (ces cotes sont probablement trop faibles, ayant été observées dans une année tellement sèche, qu'il faudrait, d'après M. Belgrand, remonter jusqu'en 1624 pour en trouver une pareille). En juillet 1876, la cote de l'eau dans le village est comprise entre 26 et 27 ; elle est de 26,8 au moulin de la Tour. Lors même qu'on forcerait de 0 m. 50 les cotes de M. Delesse, il y aurait encore entre elles et celles qu'on relève actuellement dans ces lieux un écart d'environ 2 mètres. Lorsque le rapporteur de la Commission a fait creuser des tranchées dans la plaine, pour en extraire des échantillons du sol, l'eau s'est trouvée à 1 m. 50 de profondeur au-dessous de la surface cotée en cet endroit, 29 mètres. Le niveau de la nappe était donc à 27,5 ; il aurait dû être au plus, d'après la carte de M. Delesse, à la cote 24,3. M. l'ingénieur Dru, dont on peut lire l'intéressante déposition au procès-verbal de la séance du 1er juillet, a pu fournir à la Commission les cotes de l'eau dans un puits foré en 1841 chez M. Bignon, à Gennevilliers, et dans un autre puits foré en 1874 chez MM. Pommier. Le forage ne va pas au delà des alluvions qui couvrent la plaine ; le niveau dans ces puits est donc bien celui de la nappe. Voici les différences entre les niveaux anciens et actuels :

	Puits de M. Bignon.			*Puits de MM. Pommier.*	
Cote du sol. . . . . . 29 m.			Cote du sol. 29,5		
Cote de l'eau. { 1841. 24,7 / 1876. 27,1 } différ. 2,4			Cote de l'eau. { 1874. 25,68 / 1876. 26,43 } différ. 0,75		

M. Dru constate donc dans le puits de M. Bignon une variation de niveau de 2 m. 40, mais sous cette réserve expresse que, depuis 1841, le niveau de la surface du sol où le puits est foré soit demeuré invariable.

A ces témoignages vient se joindre celui du débordement de l'eau en des endroits tels que le pré Marchais, le parc, le fossé de l'Aumône, dont la cote est comprise entre 26 et 27 mètres.

La surélévation de la nappe est évidemment variable avec le temps et les lieux ; mais on peut admettre qu'au moment de la visite de la Commission elle est d'environ 2 mètres dans le village, au moulin de la Tour, dans le fossé de l'Aumône et en divers points de la surface irriguée.

On assigne plusieurs causes à l'exhaussement du plan d'eau, d'abord le barrage de Bezons, établi en 1868. M. de Lagrenée, ingénieur en chef de la navigation, a déclaré à la Commission que ce barrage a relevé d'un mètre le niveau de la Seine à l'étiage. Il est évident qu'un relèvement égal a dû se produire dans les nappes qui se rendent à la Seine, au moins dans le voisinage du fleuve. La nappe de la presqu'île de Gennevilliers ayant une pente très-faible, il est à présumer que son relèvement a été général. Cet effet a dû se produire dès l'installation du barrage, en 1868 ; mais, ainsi que l'a fait observer M. l'inspecteur général Belgrand, il a pu passer inaperçu jusqu'en 1872, les années 1869-70-71 ayant été très-sèches.

M. Belgrand, dont personne ne contestera la compétence et l'autorité en pareille matière, pense que l'abondance des pluies est la cause prédominante de l'exhaussement du plan d'eau. Les nappes d'eau rencontrent dans les matériaux des sols une si grande résistance à l'écoulement, qu'elles sont encore gonflées lorsque les crues des rivières sont passées depuis longtemps. Les sources d'Arcueil, de la Vanne... et beaucoup d'autres se maintiennent en crue pendant plusieurs mois après les pluies qui ont provoqué l'accroissement de leur débit. La nappe de la presqu'île n'échappe pas à cette loi, et la surélévation en juillet 1876 est la conséquence des pluies qui ont produit la grande crue de la Seine en février et mars de la même année.

Il résulte de cette explication que l'exhaussement actuel du plan d'eau ne saurait être sans précédent. En effet, M. Vivet, horticulteur à Asnières, qui a habité pendant vingt ans, à partir de 1827, la propriété de MM. Pommier, appartenant alors à M. Aguado, a déclaré devant la Commission avoir été témoin, à quatre ou cinq reprises, d'une surélévation de la nappe, comparable par ses effets à celle que la Commission constate présentement. Ainsi, la pièce d'eau du parc a atteint le niveau actuel, et le potager était envahi par l'eau, comme aujourd'hui. Au reste, en dehors de tout témoignage, n'est-il pas évident qu'une nappe voisine de la Seine doit être refoulée par les crues du fleuve, et que son niveau est sujet, de ce fait, à des oscillations d'une grande amplitude ?

Les irrigations sont une troisième cause de l'élévation de la nappe. Les habitants de Gennevilliers n'hésitent pas à leur attribuer l'inondation des caves, l'apparition de l'eau dans les dépressions du sol, et tous les effets du relèvement des eaux, parce que les deux autres causes leur échappent. Ils voient seulement verser les eaux d'égout à la surface du sol, et monter la nappe en dessous : cela leur suffit pour conclure. Ils sont beaucoup trop exclusifs, sans doute ; mais il faut reconnaître que les irrigations ne peuvent pas être sans influence sur le plan d'eau ; pour débiter toutes les infiltrations qu'elle reçoit, la nappe doit prendre une pente correspondant à l'augmentation de son volume, et, pour prendre cette pente, il faut bien qu'elle s'élève.

Voilà donc trois causes qui superposent leurs effets : le barrage de Bezons, le gonflement des nappes par les pluies, les irrigations. La Commission n'a pas essayé de déterminer la part de chacune dans le résultat général. Elle n'avait pas besoin de cette recherche pour poser des conclusions qui résultent des faits mêmes, indépendamment de leurs causes. Actuellement, la nappe est surélevée : elle l'a été à divers degrés en tout temps ; quand même elle baisserait, quand même elle reprendrait son ancien niveau, les mêmes causes, se reproduisant, amèneraient les mêmes effets ; et il est certain que l'état actuel, s'il n'est pas normal, est au moins un accident qui devra se représenter souvent. Dans de pareilles conditions, l'épuration des eaux d'égout n'est plus assurée ; elle peut être obtenue dans les endroits de la plaine où la cote est la plus élevée, où l'épaisseur du sol actif demeure suffisante ; elle ne l'est plus dans ceux où l'épaisseur est réduite à 1 m. 5, à 1 mètre.

Le but essentiel de l'irrigation à Gennevilliers n'est-il pas l'épuration des eaux d'égout? Qu'on prenne donc toutes les précautions pour assurer cette épuration; et l'une des plus nécessaires est l'évacuation des eaux épurées. Il faut qu'on draine les terrains irrigués. Par le drainage, on rendra au sol l'épaisseur voulue, et on fera disparaître en même temps des causes d'insalubrité qu'on ne manquerait pas d'attribuer à l'eau d'égout. La Commission tient à bien constater que cette conclusion s'impose en dehors de toute appréciation sur les causes de l'exhaussement du plan d'eau : qu'il soit un simple fait naturel dû principalement aux chutes de pluie, qu'il soit la conséquence d'un apport d'eau artificiel ; peu importe. On ne peut pas employer pour l'épuration un terrain sujet à de tels inconvénients, sans commencer par le drainer, et cette nécessité est absolument indépendante des contestations qui se sont élevées au sujet du plan d'eau.

Il est, d'ailleurs, incontestable que la Ville de Paris n'est tenue de drainer que les terrains qu'elle irrigue ; elle n'est pas chargée de l'assainissement général de la presqu'île de Gennevilliers ; son seul devoir est d'évacuer les eaux là où elle en verse, afin que leur épuration soit assurée et que personne ne puisse lui reprocher de contribuer en quelque mesure, par ses irrigations, à l'exhaussement de la nappe.

Suffira-t-il, pour obtenir le résultat demandé, de percer en divers points le limon dont la Seine a garni ses bords et qui, paraît-il, est une sorte de barrière à l'écoulement des eaux ? Faudra-t-il exécuter un drainage complet? Sur ces points, la Commission ne se prononce pas : elle pose en principe la nécessité d'évacuer les eaux ; le choix des moyens d'exécution appartient, avec la responsabilité des résultats, à l'Administration de la Ville de Paris.

Purification des eaux.

La Commission admet, comme on l'a vu, le chiffre maximum de 50.000 mètres cubes distribués par an à chaque hectare, en tant qu'il s'agit simplement de purifier les eaux, et que la hauteur disponible du sol est d'environ 2 mètres, mais sous la condition que la distribution soit intermittente, régulière et telle que l'eau demeure dans l'épaisseur du sol le temps voulu pour son entière épuration. Cette régularité, instamment recommandée par M. Frankland, semble inconciliable avec la liberté absolue laissée aux cultivateurs de prendre l'eau dans la mesure et au moment qui leur conviennent. Tel d'entre eux qui voudra colmater son champ pendant l'hiver ou en été entre deux récoltes puisera aux canaux autant d'eau que sa terre en pourra boire, et un sol caillouteux en boit beaucoup; en pareil cas, l'eau sera simplement filtrée et descendra dans la nappe avec ses impuretés. Tel autre, qui mettra une certaine régularité dans ses arrosages d'été, ne consommera pas d'eau en hiver, et la moyenne de 50.000 mètres cubes pour toute l'année, s'appliquant à quelques mois de la saison chaude, correspondra à un chiffre de 100.000 mètres cubes et plus; chez lui non plus, la purification ne sera pas assurée.

La Commission appelle la plus sérieuse attention de MM. les Ingénieurs de la Ville sur les inconvénients de cette liberté dont ils se sont faits les défenseurs. Évidemment, au début de l'entreprise, et pour faciliter la mise en train, il fallait faire preuve d'une grande tolérance; mais, aujourd'hui, les cultivateurs, habitués à l'irrigation, en ont apprécié les avantages, et le moment est venu de les soumettre à une réglementation qui leur laissera encore à profusion, et bien au delà des besoins de la culture la plus exigeante, l'eau et ses principes fertilisants.

Conservation des propriétés du sol.

MM. les Ingénieurs de la Ville ont constaté qu'après sept ans d'irrigation le sol de Gennevilliers a conservé sa porosité des premiers jours. A l'appui de leurs observations, ils ont cité les sous-sols filtrants couverts de limon, tels que ceux du pays de Caux, qui, depuis des milliers d'années, sont traversés par les eaux de drainage d'une riche terre arable, sans paraître rien perdre de leur porosité naturelle. Ces faits doivent bannir toute crainte sur l'obstruction du sol par l'usage prolongé des irrigations à l'eau d'égout. Toutefois, la Commission a désiré des preuves directes et a chargé l'un de ses membres d'analyser comparativement des sols de Gennevilliers irrigués et non irrigués. En conséquence, deux tranchées ont été creusées dans le limon de la Seine, l'une dans le jardin de la Ville, irrigué depuis sept ans, l'autre dans un champ voisin qui n'a jamais reçu d'eau d'égout; deux autres tranchées ont été

creusées dans le terrain graveleux de la plaine, dans des sols irrigué et
non irrigué. Les deux premières ont été poussées jusqu'à 2 mètres de
profondeur ; les deux dernières n'ont pu descendre au delà de 1^m,50 ; à
cette profondeur, on a trouvé l'eau. Dans chaque tranchée, on a pris
des échantillons du sol à la surface, puis de 50 en 50 centimètres en
descendant. On n'a observé aucune différence apparente, si ce n'est dans
l'état d'humidité, entre les deux tranchées du terrain limoneux et les
deux du terrain graveleux. L'analyse des échantillons recueillis a eu
pour objet la détermination du carbone et de l'azote, corps qui donnent
la mesure de la quantité et de la qualité de la matière organique conte-
nue dans le sol. Elle a fourni les résultats suivants .

| | TERRAIN LIMONEUX | | | | TERRAIN GRAVELEUX | | | |
| | IRRIGUÉ. | | NON IRRIGUÉ. | | IRRIGUÉ. | | NON IRRIGUÉ. | |
	Carbone.	Azote.	Carbone.	Azote.	Carbone.	Azote.	Carbone.	Azote.
Surface.....	2,2	0,23	1,90	0,19	1,63	0,15	1.25	0,10
A 0^m,50 de profondeur.......	0.83	0,11	0,57	0,07	0,32	0,035	0,16	0,027
A 1^m,00 —	0,61	0,10	»	0,06	»	»	»	»
A 1^m,50 —	»	»	»	»	0,04	0,006	0,022	0,004

On sait que les terres fertiles contiennent, dans la couche arable, des
quantités de terreau assez variables, comprises entre 1 et 4 pour 100 ; à
l'analyse, elles donnent de 1/2 à 2 de carbone pour 100 et de 1 à 2,5
pour 1.000 d'azote. Ces proportions de carbone et d'azote décroissent
dans le sous-sol, à mesure qu'on descend au-dessous de la surface. Les
terres de Gennevilliers sont, à cet égard, dans le cas ordinaire : la couche arable de limon est riche en terreau, comme on pouvait s'y attendre ;
mais la matière organique diminue rapidement quand la profondeur du
sous-sol augmente ; à 1 mètre, elle est réduite à un tiers. Le limon irrigué est sensiblement plus riche que le non irrigué, résultat qui pouvait
encore être prévu ; ce n'est pas que l'eau d'égout abandonne des résidus
organiques qui s'accumulent dans le sous-sol ; mais la terre fertilisée,
qui produit beaucoup, garde des résidus de récolte, tiges, feuilles mor-
tes, racines, qui augmentent sa dose de matière organique. Les mêmes

observations s'appliquent au terrain graveleux, irrigué ou non irrigué, avec cette différence que la proportion de terreau y est moindre que dans le limon.

Quant à l'obstruction du sol par les matières organiques des eaux d'égout, l'analyse est fort rassurante : dans les sous-sols irrigués, la matière humique est, en définitive, en très-faible quantité. On ne voit pas pourquoi, d'ailleurs, les matières solubles des eaux d'égout déposeraient des résidus encombrants dans le sous-sol, quand aucun engrais organique, soluble ou solubilisé en partie par la décomposition, ne produit un semblable effet. Il n'y a pas d'exemple d'une terre arable perméable, rendue imperméable par de copieuses fumures, parce que l'oxydation des débris organiques se proportionne dans le sol à leur abondance, et qu'il se fait un équilibre entre la quantité enfouie annuellement et l'intensité de la combustion ; si fortes que soient les doses de fumier, la consommation finit par égaler l'apport, la sortie devient égale à l'entrée ; c'est ce que l'on observe dans les terres de jardin. Mais cet équilibre suppose que l'air a dans le sol un accès suffisant ; sinon l'obstruction par la matière organique peut survenir ; on en trouve un bien remarquable exemple dans le département des Landes : le terrain y est essentiellement poreux, mais souvent noyé, et, par conséquent, privé d'air ; l'oxydation de l'humus est alors arrêtée. La matière organique brune, provenant de l'oxydation des végétaux, demeure dans le sable, s'y accumule et finit par le cimenter ; c'est ainsi qu'on explique la formation de l'*alios*, banc imperméable bien connu, constitué simplement par du sable et de la matière humique.

Rien de tel n'est à craindre dans un terrain poreux, quand l'évacuation des eaux est assurée. Les expériences de MM. Lawes et Gilbert sur la fertilisation des terres par l'eau d'égout montrent, au contraire, que les irrigations ne modifient guère le degré de richesse du sol ; il en est de même du nitrate de soude, du sulfate d'ammoniaque..... ; l'engrais agit vite ; mais, quand son action est épuisée, il n'en reste rien : de même, les principes des eaux d'égout ont sur la végétation une action immédiate ; mais, quand l'irrigation est suspendue, la terre reprend son état primitif. Bien entendu, il n'est ici question que des matières organiques solubles, et non des matières solides charriées par les eaux d'égout, qui, par le colmatage, peuvent transformer lentement la couche arable d'un sol.

A ce propos, il est peut-être utile de critiquer une opinion émise sur les propriétés rétentives du sol de Gennevilliers. La terre du jardin de la Ville, limoneuse et riche en terreau, doit jouir à un haut degré de la propriété d'absorber les principes fertilisants dissous dans les eaux d'égout. Mais le sol graveleux de la plaine est moins bien partagé ; au début de l'irrigation, il peut bien arrêter une partie de ces principes ; mais il est bientôt saturé, et, comme il dépense pour la végétation beaucoup moins qu'il ne reçoit, l'excès de principes fertilisants dissous dans l'eau est exporté avec elle.

Utilisation des eaux d'égout à Gennevilliers.

La Commission a mis le plus grand soin, dans le premier chapitre de ce rapport, à distinguer nettement l'une de l'autre les deux questions de l'épuration et de l'utilisation agricole des eaux d'égout. Ce travail préparatoire lui permettra d'énoncer brièvement, sur l'utilisation des eaux à Gennevilliers, une opinion qui ne sera point contestée.

L'irrigation a transformé et transforme chaque jour le sol aride de la plaine de Gennevilliers en terre fertile portant de riches récoltes. C'est un fait incontestable qui domine toutes les dénégations intéressées ; mais il est également incontestable que les plus belles cultures n'utilisent qu'une fraction minime des principes fertilisants des eaux d'égout : il ne peut pas en être autrement dans une entreprise qui vise avant tout à l'épuration. Les produits du sol représentent toujours une certaine utilisation ; mais, à Gennevilliers, leur véritable importance n'est pas là. La Ville n'a pas de terre ; il faut qu'elle en trouve chez des clients ; elle n'en trouverait pas si la culture à l'eau d'égout réussissait mal ou n'était pas lucrative. Mais elle réussit, et on y gagne de l'argent. Les cultivateurs bien avisés prennent l'eau : ainsi la culture est le plus utile coopérateur de l'entreprise.

Elle a un autre avantage : celui de changer peu à peu les habitudes des cultivateurs, de convaincre les incrédules, de contribuer à l'extension des irrigations. Sous ce rapport, la grande culture à l'eau d'égout présente plus d'intérêt que la culture des plantes potagères : elle est plus instructive et peut faire plus de prosélytes. En effet, la plupart des cultivateurs de la presqu'île de Gennevilliers et d'au delà cultivent les plantes de la grande culture, et tel qui prendra de l'eau d'égout pour arroser son seigle, son avoine, ses betteraves, sa luzerne, s'il voit que cela réussit à côté de lui, s'abstiendra d'en consommer s'il lui faut changer son genre de production et cultiver des légumes. Un tel changement a pu convenir aux clients actuels de la Ville, parce qu'ils y ont trouvé de larges bénéfices ; mais il est certain que la culture potagère serait bien moins lucrative si elle s'étendait sur des milliers d'hectares voisins, et pourrait ne plus tenter les cultivateurs. Il faut donc leur offrir des exemples qu'ils puissent suivre sans renoncer à leurs préférences.

Emploi des eaux dans l'avant-projet.

Dès la première séance de la Commission, M. l'inspecteur général Belgrand a esquissé à grands traits l'avant-projet soumis à l'enquête ; voici le résumé de sa communication :

Dans l'état actuel, deux machines remontent une partie des eaux du collecteur d'Asnières, en dépensant une force de 400 chevaux. Deux machines nouvelles établies près des deux premières suffiraient pour pomper le reste de ces eaux. Les eaux du collecteur de Saint-Denis coulent à un niveau plus élevé et peuvent dès aujourd'hui se rendre, par la seule gravité, dans la plaine de Gennevilliers. De l'usine de Clichy à la forêt de Saint-Germain, sur un parcours d'environ 16 kilomètres, l'eau serait refoulée en conduite forcée ; cette conduite passerait par la plaine de Colombes, traverserait la Seine en siphon à la hauteur de l'île Marante, passerait sur les territoires de Bezons, Houilles, Sartrouville, traverserait une seconde fois la Seine en siphon à l'extrémité du parc de Maisons, et pénétrerait dans la partie nord de la forêt domaniale de Saint-Germain, où se trouvent, entre la cote 35 et la Seine, 1.500 hectares de terres stériles, que l'irrigation fertiliserait ; puis, si c'était utile encore, on enverrait les eaux par une rigole sur le territoire d'Achères, où l'irrigation pourrait s'étendre sur 700 hectares. M. Belgrand ne doute pas que la mise en culture de la partie nord de la forêt de Saint-Germain, avec les fermes domaniales qui s'y trouvent et le concours de la culture libre sur le parcours du canal, ne suffisent à l'emploi de la totalité des eaux d'égout de Paris.

Les surfaces irrigables sont estimées aux nombres d'hectares suivants :

Commune de Gennevilliers . . . . . . 1.000 à 1.300, soit 1.150
Communes de Nanterre, Colombes, Rueil. 1.000 à 1.500, soit 1.250
Communes de Carrières, Bezons, Argenteuil, Sartrouville . 1.400
Forêt de Saint-Germain. 1.500
Commune d'Achères.   700
                                              Total. 6.000

Le plus étendu de ces territoires, celui de la forêt, serait à la disposition du service municipal et constituerait *un vaste régulateur où se placeraient les eaux que refuserait la culture libre des sept à huit communes traversées.*

Ce vaste régulateur constitue, pour la Commission, un des avantages capitaux de l'avant-projet. Elle y voit comme une délivrance pour la Ville. Jusqu'ici, en effet, la Ville a offert ses eaux ; elle les a données comme une marchandise sans valeur, dont on est trop heureux d'être débarrassé. Elle a été dans la position singulière d'un bienfaiteur qui doit de la reconnaissance à ses obligés. Tenue avant tout de placer ces eaux, elle a dû fermer les yeux sur les abus qui compromettent si gravement l'épuration ; elle a laissé liberté entière d'user et de mésuser à ceux qui ont bien voulu être ses clients. Il est temps que chacun rentre dans son rôle, la Ville en reprenant possession de ses eaux, les cultivateurs en comprenant qu'elles ont un propriétaire et une valeur. Les 1.500 hectares de la forêt rendent impossible ce retour aux relations normales entre la Ville et la culture libre ; la Ville saura où placer la majeure partie de ses eaux ; elle n'aura plus besoin de les offrir ; donc, il lui sera permis d'imposer les quelques règlements dans la distribution que la Commission croit indispensables. Elle pourra même fixer un prix de vente, prix minime si l'on veut, mais qui aura le double avantage de constituer quelques revenus et surtout d'habituer les populations à attribuer une valeur aux eaux d'égout : la gratuité absolue déconsidère une marchandise.

A en juger par la lenteur du développement des irrigations de 1869 à 1876, lenteur qu'il est, d'ailleurs, facile d'expliquer par les oppositions systématiques de quelques-uns, l'ignorance et la crédulité du plus grand nombre, on ne peut espérer que, après l'achèvement des travaux esquissés dans l'avant-projet, les irrigations s'étendent aussitôt sur les 4.500 hectares des communes de Gennevilliers, Nanterre, Achères. Mais que la moitié, que le tiers de cette surface prenne les eaux, on irriguera 1.500 hectares appartenant à des particuliers, 1.500 appartenant à l'Etat, ensemble 3.000 hectares qui assureront l'épuration des 100 millions de mètres cubes annuels, à raison de 33.000 mètres cubes à l'hectare et par an. Cette dose diminuera progressivement, à mesure que l'irrigation fera des progrès, et, si les 6.000 hectares où l'accès des eaux est prévu les reçoivent effectivement plus tard, elle tombera à 16 ou 17.000 mètres cubes en moyenne. Ainsi, tout en épurant, on se rapprochera de la solution désirable du problème, l'utilisation des eaux d'égout.

Il sera possible d'aller plus loin; on l'a dit à la fin du premier chapitre, la Commission voit, dans la réalisation du projet à l'enquête, comme une troisième étape d'une grande entreprise qu'il n'est pas possible d'exécuter en une fois, mais qui, par des accroissements successifs, peut atteindre tout son développement. Après la forêt de Saint-Germain et le territoire d'Achères, se présente la plaine de Chanteloup, puis, dans le grand coude de Verneuil, le territoire de Porcheville, qui s'étend jusqu'à Limay et Meulan, sur une superficie de 6.000 hectares. En admettant que les cultivateurs de ces plaines, adoptant des idées conformes à leurs vrais intérêts, demandent à jouir des eaux, les dispositions adoptées par les Ingénieurs n'empêcheront nullement d'étendre les canaux chez eux : les eaux d'égout paraissent ainsi appelées à fertiliser des terres pauvres, souvent stérilisées par la sécheresse, malgré leur voisinage du fleuve.

Toutefois, il y a, contre l'emploi exclusif des terrains sableux pour l'utilisation des eaux d'égout, une objection très-sérieuse qu'il ne faut pas passer sous silence. L'épandage des eaux doit avoir lieu en toute saison, puisque Paris ne cesse d'en produire : or, les irrigations d'hiver, au point de vue de l'utilisation, ne peuvent avoir qu'un but : celui d'engraisser le sol ; il faut donc que le sol fixe les principes solubles, principalement l'ammoniaque. Sous ce rapport, des terres arables contenant du terreau et de l'argile sont fort supérieures à des terres graveleuses ; celles-ci n'acquerront qu'à la longue, au degré convenable, la propriété d'absorber et de conserver les principes fertilisants, et encore sous la condition d'être alimentées d'engrais organiques, comme le fumier d'étable, qui devra concourir avec l'eau d'égout à les fertiliser.

En résumé, au point de vue de l'épuration et de l'utilisation des eaux d'égout, la Commission donne son entière approbation à l'avant-projet soumis à l'enquête, mais toujours sous cette réserve que l'épuration soit absolument assurée par le drainage partout où il sera reconnu nécessaire, et par une répartition convenable, c'est-à-dire réglementée, de l'eau.

§ 2. — L'ENQUÊTE AU POINT DE VUE DE LA SALUBRITÉ.

La question de la salubrité domine toute l'enquête ; elle occupe, dans le cas spécial des irrigations exécutées à Gennevilliers ou projetées dans la forêt de Saint-Germain, le rang que la Ville de Paris lui a toujours donné dans ses grands travaux. On peut dire que, depuis vingt-cinq ans, Paris a engagé une lutte incessante contre l'insalubrité de ses immondices ; il l'a chassée de ses rues, en rejetant tous ses résidus aux égouts ; mais elle a reparu au jour, à l'extrémité des collecteurs, et bientôt l'infection de la Seine, plus grave que jamais, a démontré qu'elle était seulement déplacée : Paris s'était délivré au détriment de ses voisins. On a compris alors qu'il ne suffit pas de rejeter au dehors les éléments de la corruption, mais qu'il faut les détruire sans retour, et l'œuvre de Gennevilliers a été commencée. Après des débuts paisibles, une opposition énergique n'a pas tardé à se développer au sein des populations directement intéressées ; on leur a dit : « La Ville se trompe une fois de plus ; au lieu d'anéantir l'insalubrité, elle la déplace encore et la transporte à Gennevilliers. »

La Commission a recherché avec le plus grand soin ce qu'il pouvait y avoir de fondé dans ces plaintes : c'était l'objet principal de sa mission.

L'insalubrité des irrigations à l'eau d'égout, qu'on prétend démontrée par la fréquence des cas de fièvre paludéenne à Gennevilliers, est le motif allégué par la plupart des oppositions consignées sur les registres d'enquête ou exprimées devant la Commission, tant par des particuliers que par les mandataires d'autorités municipales. Après l'insalubrité vient au second rang l'incommodité résultant soit des émanations des canaux et des champs irrigués, soit du relèvement de la nappe souterraine par les infiltrations des eaux d'égout.

Ces oppositions sont très-nombreuses ; on en trouve le résumé dans une annexe au procès-verbal de la séance du 7 juin : très accentuées à Nanterre, dont le Conseil municipal condamne l'avant-projet à l'unanimité, et à Colombes, où l'on craint surtout la dépréciation des immeubles par le fait de l'insalubrité et de l'incommodité des irrigations, elles sont moindres à Gennevilliers, où l'on constate un certain nombre de dires approbatifs ; toutefois le nombre des opposants l'emporte encore sur celui des approbateurs. A Clichy, où l'on souffre de l'état de choses présent, on désire naturellement que l'eau d'égout, détournée de la Seine, soit envoyée aussi loin que possible, et tous les dires sont favorables. Dans les registres d'enquête, on trouve peu de faits précis allégués à l'appui des assertions ; on en relève quelques-uns au sujet de l'exhaussement des eaux dans les puits et de l'envahissement des caves : sur ce point, la Commission s'est déjà expliquée en déclarant que, dans son opinion, il est indispensable de pourvoir à l'évacuation des eaux, soit par le drainage proprement dit, soit par quelque autre moyen, non-seulement dans la presqu'île de Gennevilliers, mais aussi dans tous les territoires destinés à l'irrigation. Les déclarations précises de cas de fièvre intermittente avec nom et adresse des personnes atteintes sont fort rares ; la maladie est alléguée par la plupart des opposants, comme le serait un fait notoire qu'on ne prend plus la peine d'établir : on ne s'inquiète pas davantage des relations de causalité entre les irrigations et la fièvre ; chacun semble persuadé que celle-ci procède évidemment de celle-là, parce que l'une et l'autre se sont développées simultanément.

De semblables témoignages sont insuffisants : mais la Commission en a recueilli d'autres dans les mémoires écrits et dans les dépositions verbales de plusieurs médecins, qui ne laissent place à aucun doute : la fièvre paludéenne a réellement pris, depuis 1873, dans le village de Gennevilliers, un certain développement.

De tout temps, il y a eu, à Gennevilliers, des cas de fièvre intermittente, imputables au voisinage des eaux souterraines, lequel s'est traduit soit en permanence, par l'existence de mares nombreuses, soit passagèrement, par des débordements dans les endroits déprimés de la plaine, sous l'influence des pluies prolongées et des crues de la Seine. Mais, avant 1873, on n'a pas noté le nombre de cas qui ont pu se produire ; l'attention n'était pas éveillée sur eux, et, comme les irrigations n'étaient pas encore attaquées, personne n'avait intérêt à les compter. Tout ce que l'on sait, c'est que la fièvre existait, et que deux malades en sont morts en 1871, alors que les irrigations étaient suspendues depuis un an, à cause de la guerre et de la Commune. Ainsi donc, le premier terme de comparaison, nécessaire pour mesurer le développement de la fièvre paludéenne, fait défaut ; on n'a pas l'état des fiévreux avant 1873. Le second terme, l'état des fiévreux à partir de 1873, est même entaché d'incertitude.

Dans un mémoire très-hostile aux irrigations pratiquées à Gennevilliers, MM. les docteurs Danet, Bastin et G. Desarènes mentionnent, sur la foi de deux médecins exerçant dans la localité, 69 cas, dont 5 en 1873, 38 en 1874, 23 en 1875 et 3 sans date. Un autre mémoire, rédigé par M. le docteur G. Bergeron, professeur agrégé à l'Ecole de médecine, qui est partisan des irrigations, compte 27 cas, dont 14 en 1874 et 13 en 1875. Mais ces discordances sur le nombre réel des cas n'ont pas une importance majeure : l'essentiel était de constater si la fièvre paludéenne s'est réellement développée à Gennevilliers depuis 1873, et, sur ce point, les affirmations de tous les médecins qui ont déposé à l'enquête sont unanimes. La maladie n'a pas beaucoup d'intensité ; aucun cas n'a été mortel ; elle dure encore ; en effet, cette année, une dizaine de cas sont constatés jusqu'au 10 août ; il ne paraît pas d'ailleurs que la proportion des décès en soit influencée.

La fièvre est presque localisée dans la partie du village exposée à l'ouest et au sud-ouest ; c'est, en effet, près du croisement des rues de Paris et de Saint-Denis, de la route de Colombes et du chemin des Vaches, que l'on a constaté le plus grand nombre de cas. Cette observation, sur laquelle les médecins sont d'accord, a une grande importance ; le rapport y reviendra bientôt.

Le village des Grésillons, bâti au centre des irrigations, et les maisons isolées établies au milieu des terres irriguées, sont jusqu'ici préservés de la fièvre : un seul cas a été constaté dans une habitation du jardin modèle. C'est une seconde observation encore très-importante.

Après ces constatations, la Commission avait à rechercher les relations qui peuvent exister entre les irrigations et le développement de la fièvre paludéenne. Les dépositions verbales de MM. les docteurs qui se sont rendus à son appel ne l'ont pas éclairée sur ce point. M. le docteur

Delpech, qui a été chargé par le Conseil d'hygiène et de salubrité de la Seine d'étudier la constitution médicale de Gennevilliers, ne se prononce pas encore.

C'est dans les mémoires cités plus haut qu'il faut chercher des affirmations positives; malheureusement, elles sont contradictoires. D'après MM. Danet, Bastin, G. Désarènes, les irrigations sont la cause directe de la fièvre. Le filtre naturel formé par les sables de Gennevilliers a été obstrué par les matières insolubles des eaux d'égout, jointes aux cheveux, poils, trachées végétales, qui ont formé dans leur masse un feutrage imperméable; le filtre étant engorgé, la surface irriguée est devenue un vaste marais artificiel dont les émanations engendrent la fièvre paludéenne. A l'appui de leur opinion, les auteurs rapportent des expériences qui ont consisté à recueillir des germes au-dessus des surfaces irriguées, à les faire développer dans des conditions convenables, et à constater l'apparition de toute une faune et de toute une flore d'êtres microscopiques.

La Commission n'a pas à faire de la critique scientifique; mais, quand un travail pose des conclusions sur les faits pratiques de l'irrigation à Gennevilliers, il faut bien qu'elle s'inquiète de savoir si ces conclusions sont fondées. Elle fera donc observer:

1° Que l'obstruction du sol par les matières solides des eaux d'égout est une erreur manifeste;

2° Que la Commission n'a vu nulle part des terres irriguées présentant le moindre rapport avec les marais;

3° Quant aux germes recueillis, en pareille matière et dans l'état d'ignorance où est la science, il est indispensable de procéder par comparaison, et de voir si ces mêmes germes n'existent pas toute autre part dans la plaine de Gennevilliers, soit au-dessus des terrains non irrigués, soit au-dessus des terrains actuellement inondés et vraiment marécageux, soit encore au voisinage des tas de gadoue.

4° Il est, du reste, bien étrange que ces germes, développés sur les terres irriguées, n'aient aucune prise sur les gens qui vivent sur le prétendu marais ni sur ceux qui sont placés sous le vent de ce marais, mais qu'ils coupent perpendiculairement ou même remontent les vents régnants de la région ouest pour aller frapper de préférence les habitants de la partie ouest et sud-ouest du village, qui, par leur orientation, sembleraient devoir être préservés.

La discussion des faits est beaucoup plus rationnelle dans le mémoire de M. Bergeron. Pour l'auteur, les marais ne sont point les champs irrigués situés à la cote 29-30 ; ce sont les mares placées dans la région ouest relativement au village, depuis la mare d'évaporation au nord-nord-ouest, jusqu'à celles du pré Marchais, du parc, du clos Griffon, au sud-sud-ouest. Les rues de Gennevilliers les plus frappées sont effectivement sous le vent de ces mares aujourd'hui changées en marécages, ainsi que l'a constaté la Commission, depuis que la nappe souterraine, exhaussée à la cote 26-27, a atteint et dépassé la surface du sol dans les endroits où la dépression est suffisante.

Ces marécages sont évidemment insalubres et capables de provoquer des fièvres paludéennes. Si les mares permanentes, les débordements passagers, et, d'une manière générale, les inconvénients résultant pour l'hygiène d'un voisinage trop proche de la nappe des eaux souterraines, ont pu déterminer à Gennevilliers, antérieurement à 1873, des cas de fièvre paludéenne, il est bien clair que, ces conditions physiques venant à empirer, l'état sanitaire a dû, de son côté, empirer avec elles. La conclusion de la Commission sur ce point est encore celle qui s'est imposée dans une autre partie de ce rapport : abaisser le plan d'eau par le drainage ; les marais disparaîtront, et, avec eux, la fièvre paludéenne, en tant qu'elle en procède.

Ici, il y a lieu encore de circonscrire la part de la Ville dans l'assainissement, comme elle a été circonscrite dans l'évacuation des eaux. Si le service municipal contribue en quelque mesure à l'insalubrité de la plaine de Gennevilliers, c'est parce qu'il ajoute une cause d'exhaussement de la nappe souterraine à celles qui existent d'ores et déjà indépendamment des irrigations. Il doit supprimer cette cause et, pour cela, évacuer par un drainage l'eau qu'il verse à la surface de la plaine. Mais, cela fait, son devoir est rempli. Que les pluies gonflent la nappe, que les crues de la Seine la refoulent, que le barrage de Bezons la surélève d'un mètre, le service des irrigations n'est pour rien dans ces accidents et n'est pas obligé d'y porter remède ; il n'a pas la charge d'assainir Gennevilliers, mais seulement l'obligation de ne point contribuer à son insalubrité. Au reste, en drainant les terrains irrigués, la Ville concourra à l'assainissement au delà de la part qu'on peut exiger d'elle ; n'est-il pas évident, en effet, que ses drains seraient ouverts aussi bien aux eaux propres de la nappe souterraine qu'aux eaux d'infiltration provenant spécialement de ses irrigations ?

Mais la fièvre ne peut-elle pas procéder aussi directement des irrigations à l'eau d'égout, même quand elles sont exécutées dans les conditions voulues de l'épuration ? L'expérience acquise à Gennevilliers répond négativement, puisque la fièvre ne se déclare pas sur les terrains irrigués, et cependant les irrigations actuelles ne sont pas exécutées dans les meilleures conditions sous le rapport de la salubrité. Ce témoignage peut paraître insuffisant, l'irrigation ne datant à Gennevilliers que d'un petit nombre d'années ; mais il est abondamment confirmé par des exemples bien connus d'irrigations à l'eau d'égout, pratiquées à l'étranger. En Écosse, à Edimbourg, les eaux d'égout, chargées des déjections de 90.000 habitants, arrosent actuellement 160 hectares de prés situés dans le voisinage immédiat de la ville ; l'irrigation est faite à la dose moyenne de 35.000 mètres cubes par hectare et par an ; il y a deux siècles qu'elle a commencé. En Angleterre, on compte un grand nombre d'entreprises d'irrigations par l'eau d'égout ; plusieurs laissent à désirer sous le rapport de l'épuration ou de l'utilisation agricole ; mais les médecins anglais sont d'accord sur leur innocuité au point de vue de la salubrité. En Suisse, à Lausanne, les eaux d'égout arrosent 200 hectares de prés parsemés de maisons de campagne ; l'irrigation date de quatre siècles au moins et n'a jamais donné lieu à aucune plainte. A Novare, en Italie, un canal qui entoure la ville reçoit les déjections de **28.000** habitants et les porte sur 100 hectares de prés ; ce canal fut creusé en **1738** pour évacuer les eaux qui stagnaient dans les fossés de la ville et entretenaient la fièvre et des maladies endémiques parmi les habitants. De son établissement et des irrigations qui l'ont suivi date l'assainissement de la ville et de ses environs (1).

Mais, dit-on, tout dépend des doses. L'irrigation à dose modérée de 3 à 12.000 mètres cubes n'est point insalubre ; elle le devient sous la dose énorme de 50.000 mètres cubes, parce que le pouvoir oxydant du sol est dépassé, parce que les matières insalubres accumulées à sa surface deviennent des foyers de corruption. Du reste, on ne se préoccupe pas de faire la preuve de ces affirmations, ou plutôt on croit l'avoir faite, parce qu'on prend, pour limites des quantités d'eau que le sol peut *épurer*, des chiffres de 3.000 à 12.000 mètres cubes, qui sont effective-

---

(1) On trouvera dans l'excellent livre de M. Ronna : *Egouts et Irrigations*, des détails sur les exemples qu'on vient de citer, ainsi que des documents précieux, émanés de savants et médecins anglais, qui établissent l'innocuité des irrigations à l'eau d'égout.

ment des limites des quantités *utilisables* par diverses récoltes. On continue ainsi à confondre l'épuration avec l'utilisation : dès qu'on applique à l'épuration les limites imposées à l'utilisation, il est clair que les quantités de 50.000 à 180.000 mètres cubes qu'on peut verser annuellement sur un hectare, en vue de l'épuration simple, deviennent de cinq à quinze fois trop fortes. On trouve donc les doses excessives, et on déduit facilement de leur adoption les conséquences hygiéniques les plus graves et les prophéties les plus lugubres.

Ce sont, tout particulièrement, les 1.500 hectares domaniaux de la forêt de Saint-Germain qui excitent les plus fortes appréhensions : le service de la Ville sera là chez lui et y fera tout ce qu'il voudra ; ces 1.500 hectares seront condamnés à boire toute l'eau d'égout que la culture libre ne voudra pas ; Paris accumulera sur cet espace toutes ses immondices et en fera un immense dépotoir : voilà ce qui se répète partout ; le mot dépotoir est le levier qui sert à soulever l'opinion publique.

Pourtant, avant de lancer de pareilles affirmations, il faudrait analyser les conditions de l'opération tant redoutée, examiner chacune d'elles, et désigner celles qui produiront les effets désastreux qu'on annonce. Cette analyse essentielle, qu'on a grand tort de négliger, la Commission va la faire.

Voici 1.500 hectares de terrain sablonneux sur la lisière de la forêt de Saint-Germain.

Ils ont été préparés par un drainage convenable, de telle sorte que la nappe souterraine des eaux s'écoule librement vers la Seine, en laissant toujours entre elle et la surface des terrains une épaisseur de sol aéré d'au moins 2 mètres (la topographie des lieux comporte une épaisseur beaucoup plus grande).

Sur ces 1.500 hectares, on déverse tour à tour, à intervalles réguliers et rapprochés, par exemple tous les trois jours, de l'eau d'égout, à raison de 50.000 mètres cubes par hectare et par an, chiffre maximum qu'on ne dépassera point.

Voyons les effets de l'irrigation pratiquée dans ces conditions, et, pour plus de clarté, considérons successivement l'eau d'égout avec toutes les impuretés qu'elle dissout, puis les matières insolubles qu'elle charrie.

Il est démontré d'une manière absolue que le filtre constitué par un sol sableux, comme celui de Gennevilliers ou de la forêt de Saint-Germain, n'est jamais engorgé par l'eau d'égout, quand l'évacuation des

Rap.   5 eaux débitées en bas de ce filtre est assurée. Donc, jamais les eaux ne stagneront dans le filtre ; jamais elles ne monteront vers la surface ; jamais le sol aéré, qui aura une épaisseur de 2 mètres au moins au-dessus de la nappe d'eau, ne présentera, par le fait de l'eau, les caractères d'un marais pestilentiel ou d'un dépotoir. Il y a bien un inconvénient qui pourra se produire ; mais ce n'est pas celui que l'on redoute : si l'épandage des eaux n'est pas assez régulier, s'il dépasse par moments la dose convenue, il pourra se faire que l'eau gagne les drains sans être absolument épurée. Cette imperfection ne saurait influer en quoi que ce soit sur la salubrité à la surface du sol, et au-dessus dans l'atmosphère. Le dommage serait tout entier pour la Seine, qui recevrait des eaux incomplétement purifiées, dommage qu'il faudrait éviter avec le plus grand soin, mais qui n'intéresserait en rien Asnières, Colombes, Saint-Germain, Maisons, toutes localités situées en amont de l'extrémité nord de la forêt et dont la prospérité, d'ailleurs, ne semble nullement entravée par l'état présent du fleuve, bien autrement grave pourtant qu'il ne serait dans notre hypothèse.

Considérons maintenant les matières insolubles déposées par les eaux à la surface des champs irrigués. La Commission a déjà donné son opinion à leur sujet, quand elle a rendu compte de ses visites dans la plaine de Gennevilliers ; mais il convient d'y revenir.

Estimons leur quantité d'abord.

1 mètre cube d'eau d'égout contient environ :

        1 k. 400 matières minérales insolubles,
        0   750 matières organiques insolubles.

Total : 2 k. 150.

Quand on arrose un hectare à raison de 50.000 mètres cubes, chaque mètre superficiel reçoit 5 mètres cubes d'eau et arrête à sa surface les matières insolubles contenues dans ces 5 mètres, soit :

        7 k. 000 matières minérales,
        3   750 matières organiques.

Total : 10 k. 750.

Ainsi, chaque mètre superficiel arrête dans une année 10 k. 750 de matières insolubles contenant 3 k. 750 de matières organiques, les seules qui puissent devenir insalubres. Ces matières, étalées, formeraient une couche de 1 centimètre d'épaisseur. Si l'on déposait en une fois et pour toute l'année une semblable couche sur une surface de 1 mètre carré, la fermentation putride pourrait bien s'y établir quelque temps ; toutefois, la couche serait bientôt pénétrée par l'air, oxydée, et la putréfaction serait enrayée. Mais les choses ne se passent pas de la sorte ; les dépôts ont un développement graduel, en raison de la succession des arrosages : si l'on irrigue 100 fois dans une année, c'est le 1/100 de 10 k. 750 qui se dépose chaque fois sur chaque mètre superficiel de terrain, soit 107 grammes ; le dépôt est ainsi formé de couches successives. Quand une couche nouvelle s'ajoute aux anciennes, celles-ci sont à l'état de feutre perméable à l'eau et surtout à l'air. La fermentation putride ne s'établit point dans un pareil milieu, et il est absurde de confondre, omme on le fait, l'état de ces matières quand elles sont exposées à l'air et baignées d'oxygène, avec l'état qu'elles affectent quand elles sont enfouies dans la vase, au fond de la Seine. Tomber dans une pareille confusion, c'est prouver qu'on ne sait pas distinguer la combustion lente, inoffensive, au contact de l'air, de la putréfaction sous l'eau.

Peut-on craindre que ces dépôts, accumulés d'année en année, ne finissent par former à la surface des champs une couche immonde de détritus organiques, source d'émanations insalubres ? En aucune façon : personne ne craint que la gadoue, le fumier, les vidanges ne constituent à la longue une semblable couche dans les terres labourées, parce que personne n'ignore que tous ces produits, d'origine organique, y sont brûlés et disparaissent. Les matières organiques suspendues dans les eaux d'égout ont le même sort : les prés d'Edimbourg, de Lausanne, de Novare, après des irrigations séculaires à l'eau d'égout, ne diffèrent point, quant à la nature et à la salubrité de la couche superficielle de terre végétale, des prés irrigués avec l'eau ordinaire.

En résumé, quand un terrain est poreux, convenablement drainé, irrigué à l'eau d'égout, même à la dose de 50.000 mètres cubes, mais avec les soins qu'exige l'épuration par le sol, il n'y a aucun danger que ce terrain devienne jamais un marais ou un dépotoir, ni que la salubrité de l'air ait à souffrir de son voisinage.

Il y aurait fort à faire s'il fallait discuter toutes les erreurs qui égarent l'opinion publique dans la question de l'emploi des eaux d'égout. Il faut avouer que le sujet se prête singulièrement aux exagérations : le dégoût naturel pour les résidus de la vie conduit si facilement à accepter tout ce qui se dit et s'écrit sur l'insalubrité et l'infection qui en paraissent inséparables ! Les termes les plus énergiques sont employés pour peindre l'état présumé du sol et de l'atmosphère quand les projets de la Ville seront accomplis : marais pestilentiels, *Agro romano*, cloaques, dépotoirs, voilà ce que deviendront les communes irriguées, et la forêt de Saint-Germain en particulier. Chose remarquable, lorsque les immondices de Paris sont concentrées, réunies en tas de gadoue au milieu des champs voisins des villes, et abandonnées à une fermentation putride intense, il n'y a point de danger d'infection ; l'odeur est très-supportable. Et, quand ces immondices sont noyées dans 500 à 1.000 parties d'eau pour 1 de matière, alors l'odeur est infecte, la campagne est empoisonnée, et l'insalubrité atteint son dernier terme !

Les erreurs tomberont un jour devant l'évidence des faits. Mais, dès maintenant, la Commission doit déclarer sa conviction que l'insalubrité n'est à craindre en aucun point du parcours du canal projeté, pourvu que toutes les précautions déjà indiquées soient prises quant à la distribution des eaux d'égout et à l'évacuation des eaux épurées.

§ 3. — L'ENQUÊTE AU POINT DE VUE DES INTÉRÊTS MATÉRIELS.

Gennevilliers.

La Commission s'était proposé de rechercher les variations de valeur éprouvées par la propriété à Gennevilliers depuis que l'emploi des eaux d'égout y a été propagé. En s'éclairant ainsi sur l'influence que les irrigations ont exercée dans cette commune, elle comptait recueillir des éléments d'appréciation à appliquer aux territoires destinés par l'avant-projet à recevoir les eaux. Elle n'oubliait pas que, dans des prévisions de ce genre, il faut tenir grand compte des habitudes des populations et des destinations des terrains ; ainsi, Colombes et Asnières sont, en grande partie, occupés par des maisons et jardins de plaisance ; la culture a pris une grande place dans la commune de Nanterre ; Gennevilliers est encore plus agricole. Ces localités et d'autres ne sont pas dans des conditions bien comparables au point de vue de leur intérêt à recevoir les eaux d'égout ; par conséquent, les irrigations devront y agir inégalement sur la valeur des propriétés.

Les recherches de la Commission en ce qui concerne Gennevilliers ont eu bien peu de succès. Elle a appelé devant elle MM. les notaires de Clichy et de Colombes, les meilleures autorités en pareille matière. Il résulte de leurs dépositions que les affaires étant à peu près nulles à Gennevilliers, il n'y a pas de bases certaines sur lesquelles il soit permis d'asseoir une opinion. Au reste, les transactions sur les immeubles sont peu nombreuses dans toute la banlieue de Paris. M. le notaire de Clichy pense que Gennevilliers est appelé à un grand avenir industriel, comme Clichy, qui n'en est séparé que par la Seine ; M. le notaire de Colombes croit que Gennevilliers sera envahi à son tour par les habitations de plaisance ; l'un et l'autre estiment que les irrigations nuisent au genre de développement qu'ils prévoient. D'autre part, MM. les Ingénieurs de la Ville font observer qu'en attendant un avenir qu'on ne connaît pas, le pays est, pour le moment, comme par le passé, essentiellement agricole ; l'hectare, qui se louait 100 francs avant les irrigations, se loue aujourd'hui 300 francs, et il n'est pas possible qu'à une pareille augmentation de valeur locative ne corresponde pas un accroissement proportionné de valeur foncière.

La Commission pense, quant à Gennevilliers, qu'il y a deux parts à faire : celle des terrains agricoles, qui s'étendent sur la plus grande partie du territoire ; celle des terrains occupés par le village, ou qui bordent les routes principales et la Seine. Les premiers ont incontestablement beaucoup augmenté de valeur, comme il arrive nécessairement à une terre aride qui est transformée en terre fertile. Les autres peuvent avoir essuyé quelque dépréciation, surtout dans l'état présent de l'opinion publique à Gennevilliers. En exagérant en mal l'état médical de la commune, en faisant servir la fièvre paludéenne, l'inondation des caves et des puits d'instruments contre les irrigations, on a certainement produit une moins-value de la propriété immobilière. Mais le résultat général, toute compensation faite, est une augmentation évidente de la valeur du sol.

Les communes qui doivent recevoir des eaux d'égout.

A en juger par le nombre et l'énergie des protestations, les intérêts des populations seraient gravement compromis sur tout le parcours du canal projeté. A Asnières, on craint que le voisinage d'irrigations insalubres ne déprécie la propriété ; mais il faut dire que M. le délégué du maire, appelé devant la Commission, a déclaré ne plus faire opposition si le canal était fermé sur le parcours de la commune ; MM. les Ingénieurs de la Ville ont répondu qu'ils l'entendaient bien ainsi, puisque les eaux doivent être refoulées en conduite forcée jusqu'à la forêt de Saint-Germain. Les opposants de Colombes redoutent également l'insalubrité des irrigations ; les cultivateurs, les maraîchers mêmes cèdent la place, dans cette commune, aux bourgeois ; mais ceux-ci fuiront devant l'eau d'égout, qui arrêtera l'essor des constructions nouvelles et dépréciera celles qui resteront. Au reste, la propriété est tellement divisée, qu'il est impossible à un particulier de recevoir l'eau chez lui sans nuire au voisin qui ne veut ni la voir ni la sentir.

A Nanterre, on refuse le branchement que l'avant-projet détache du tronc principal en faveur de la commune : pour les uns, l'irrigation chassera la population flottante et les promeneurs ; pour les autres, le branchement est au moins inutile ; les cultivateurs emploient uniquement la gadoue ; ils s'enrichissent avec elle et seraient bien sots d'en abandonner l'usage.

Quelques opposants, propriétaires dans les communes plus éloignées de Carrières, Mesnil, Maisons-Laffitte..., ont également motivé leur opposition par l'insalubrité des irrigations. La pureté de l'air, la salubrité des coteaux font la fortune de ces villages, en y appelant toute une population bourgeoise recrutée surtout à Paris ; l'eau d'égout va empoisonner la terre et l'atmosphère, et l'établissement des irrigations va marquer la fin de la prospérité de toutes ces charmantes stations, aujourd'hui si recherchées.

On le voit, qu'il s'agisse de l'hygiène ou des intérêts matériels des populations, c'est toujours l'insalubrité qui motive, en première ligne, les oppositions ; on invoque ensuite l'incommodité résultant des émanations ou de la surélévation de la nappe souterraine. Ces motifs perdront toute valeur à Gennevilliers quand la Ville aura drainé les champs qu'elle irrigue, et n'en acquerront aucune dans les localités où l'avant-projet étend les irrigations, si le drainage précède le déversement des eaux. En conséquence, la Commission pense que les oppositions fondées sur ces motifs ne doivent point arrêter l'exécution des projets de l'Administration.

La Commission n'ignore pas qu'un grand nombre d'habitants du

département de Seine-et-Oise partagent les appréhensions exprimées
sur les registres d'enquête dans le département de la Seine. Elle a, en
effet, reçu un mémoire publié à Saint-Germain et approuvé par près de
3.000 habitants de cette ville, qui résume les travaux d'une Commission
d'initiative créée pour combattre l'avant-projet. L'auteur de ce mémoire, après des détails sur les dépenses déjà faites par la Ville de Paris
pour ses eaux d'égout, sur les sacrifices qui lui seront encore demandés,
et sur d'autres questions qui n'intéressent pas davantage les habitants
de Saint-Germain, s'attache à faire ressortir l'incommodité et l'insalubrité des irrigations actuelles, et insiste sur les dangers de leur extension
pour les campagnes, « qui n'en retireront que de très-petits avantages
et d'énormes inconvénients », et pour les villes situées à proximité,
« tirant leurs principales ressources des étrangers qu'attirent leur situa-
tion agréable et l'air pur des campagnes environnantes. »

Après toutes les discussions contenues dans le présent rapport, il
serait superflu de s'arrêter à ces conclusions pour les combattre. D'ailleurs, la Commission d'enquête pour le département de la Seine n'a pas
à discuter les dires de l'enquête poursuivie dans celui de Seine-et-Oise ;
mais, sans sortir de ses attributions, elle tient à déclarer, au sujet des
oppositions formulées dans le département de Seine-et-Oise, et fondées
sur l'incommodité et l'insalubrité des irrigations à l'eau d'égout, qu'elles
n'ont pas plus de valeur dans ce département que dans celui de la Seine,
et qu'il n'y a pas lieu de les prendre en plus grande considération.

En résumé, quand la Commission se place au point de vue restreint
des intérêts matériels des populations, elle trouve, d'une part des dom-
mages fictifs ou exagérés, de l'autre une augmentation évidente et
considérable de valeur s'étendant à des milliers d'hectares de terres
pauvres qui seront fertilisées par l'eau d'égout. Entre de tels inconvénients et de tels avantages, elle ne saurait rester indécise. Elle sait bien
qu'un projet qui affecte à un usage spécial une très-grande surface de
terrain ne pourra pas, selon toute probabilité, recevoir son exécution
sans gêner les habitudes ou même blesser les intérêts de quelques particuliers ; mais elle n'admet pas le dommage général dont on menace des
populations entières ; elle croit que l'opération projetée serait encore
avantageuse au seul point de vue agricole, alors même qu'on ferait abs-
traction de son caractère essentiel, qui est de satisfaire à des obligations
supérieures imposées par l'hygiène.

CHAPITRE III

Des faits et des considérations exposés dans le rapport de la Commission résultent les conclusions suivantes :

En ce qui concerne le déversement des eaux d'égout dans la Seine :

1° L'infection de la Seine par les eaux d'égout de Paris est un fait absolument incontestable. La Commission, réitérant un avis déjà énoncé par le Conseil général des ponts et chaussées et par le Conseil d'hygiène et de salubrité de la Seine, déclare que cette infection doit cesser dans le plus bref délai.

2° Les causes de l'infection résident dans les matières organiques des eaux d'égout solubles et insolubles.

3° Lors même que les matières insolubles seraient éliminées, les matières solubles suffiraient pour corrompre les eaux dans la Seine.

4° Il est indispensable que les eaux d'égout soient dépouillées des matières organiques avant d'être admises dans la Seine.

En ce qui concerne le mode d'épuration :

5° L'élimination des matières insolubles par filtration ou décantation est insuffisante.

6° Les procédés chimiques d'épuration connus jusqu'à présent sont insuffisants, parce qu'ils n'éliminent qu'une fraction assez faible des matières organiques solubles. La Ville de Paris ne peut attendre l'invention de quelque procédé assez parfait qu'on ne prévoit pas encore.

7° L'épuration par la combustion des matières organiques dans le sol est le seul procédé connu donnant des résultats satisfaisants. Ces résultats peuvent être complets si l'opération est bien conduite.

8° L'épuration par le sol est soumise à des conditions d'exécution nécessaires, savoir :

a. Une porosité convenable du sol, afin que l'eau ne soit point arrêtée dans sa marche descendante et que l'air pénètre dans la mesure voulue pour la combustion qu'il doit opérer ;

b. Une régularité dans la succession des arrosages et la quantité d'eau consommée pour chacun d'eux, qui soit telle que l'eau emploie à traverser l'épaisseur du sol filtrant tout le temps nécessaire pour l'épuration ;

c. Un drainage suffisant pour évacuer la totalité des eaux épurées.

9° La Commission admet que la terre de la plaine de Gennevilliers peut épurer, sous une épaisseur de sol actif de 2 mètres, 50.000 mètres cubes par hectare et par an, si toutes les conditions de l'épuration sont d'ailleurs remplies. Ce volume est une limite qu'il peut être nécessaire d'atteindre, faute d'espace ; mais on doit tendre à l'abaisser, afin de mieux garantir l'épuration.

10° La Commission tient essentiellement à séparer deux questions que l'on confond presque toujours : la simple épuration des eaux d'égout, et l'utilisation agricole des principes fertilisants qu'elles renferment ; l'utilisation des eaux d'égout exige de 10 à 20 fois plus de surface que l'épuration.

Il est impossible que Paris entreprenne d'utiliser immédiatement la totalité de ses eaux. Paris doit commencer par installer l'épuration. Par l'extension probable qu'elles prendront, les irrigations, commencées en vue de l'épuration, finiront par réaliser l'utilisation, si désirable, des eaux d'égout. Le résultat, que Paris ne peut atteindre d'un seul coup, sera ainsi obtenu par les accroissements successifs de son entreprise.

En ce qui concerne les irrigations pratiquées à Gennevilliers ou prévues par l'avant-projet :

11° La nappe des eaux souterraines est actuellement surélevée d'environ 2 mètres au-dessus de l'ancien niveau à l'étiage, antérieur à l'année 1868. A cet exhaussement, on peut assigner trois causes : la surélévation d'un mètre au moins du niveau de la Seine, depuis l'établissement du barrage de Bezons ; le gonflement de la nappe souterraine à la suite des pluies tombées en février et mars 1876 ; les irrigations. La Commission n'a nul besoin de mesurer la part de chaque cause dans le résultat général ; il lui suffit de constater l'état actuel pour en conclure la nécessité absolue de drainer le sol partout où l'irrigation est ou sera établie, afin que la nappe souterraine, ayant un libre écoulement, le sol filtrant conserve au-dessus d'elle l'épaisseur nécessaire pour l'épuration.

12° Le système de liberté absolue laissée jusqu'ici aux cultivateurs quant à l'emploi des eaux est incompatible avec les conditions d'une bonne épuration ; il est indispensable que l'Administration règle les intermittences et les doses des arrosages de telle sorte que l'eau demeure dans le sol filtrant tout le temps nécessaire pour être complétement épurée.

13° Il n'y a aucune crainte à avoir au sujet de l'engorgement possible du sol filtrant, si toutes les précautions sont prises pour évacuer les eaux filtrées.

14° Il est très-probable que l'extension des irrigations prévues par l'avant-projet suffira pour détourner de la Seine la totalité des eaux d'égout ; dans le cas contraire, il faudra prolonger la canalisation au delà de la forêt de Saint-Germain, afin de trouver le complément de surface nécessaire. En tout cas, les 1.500 hectares domaniaux de la forêt de Saint-Germain, qu'ils soient placés à l'extrémité ou sur le parcours du canal, rempliront toujours l'office d'un vaste régulateur de la distribution où la Ville placera les eaux non consommées par la culture libre. Un tel régulateur est indispensable pour assurer l'épuration de la totalité des eaux et pour permettre à la Ville de réglementer l'usage de ses eaux et de leur assigner un prix.

En ce qui concerne la salubrité :

15° L'existence d'une nappe souterraine située à une faible profondeur et pouvant s'élever jusqu'à la surface du sol, en certains points déprimés et sous la seule influence de faits naturels, est, pour la presqu'île de Gennevilliers, une cause générale d'insalubrité à laquelle se rattachent très-probablement les cas de fièvre intermittente qu'on y a observés de tout temps. Il est incontestable que ces conditions défavorables ne peuvent être qu'aggravées par l'exhaussement de la nappe survenu dans ces derniers temps et dont les causes sont énoncées ci-dessus. Par les irrigations, la Ville de Paris exerce sur le niveau de la nappe souterraine et, par suite, sur l'état hygiénique de la presqu'île, une influence qui ne peut être mesurée, mais qu'elle est tenue de faire disparaître en évacuant, au moyen d'un drainage suffisant, toutes les eaux ajoutées à la nappe par le fait des irrigations. Il est d'ailleurs évident que le seul devoir de la Ville est de drainer les terrains qu'elle arrose, et qu'il ne lui incombe point de remédier à l'exhaussement de la nappe en tant qu'il est dû à d'autres causes que l'irrigation, pas plus qu'elle n'est chargée de l'assainissement général de la presqu'île.

16° Les irrigations à l'eau des égouts de Paris ne sont pas insalubres, alors même qu'elles sont faites sous de fortes doses, si toutes les conditions d'une bonne épuration sont observées.

En ce qui concerne les intérêts matériels des populations :

17° Les oppositions à l'avant-projet, fondées sur l'insalubrité des irrigations, ne sont plus motivées, du moment que cette insalubrité n'existe pas. Celles qui sont fondées sur l'exhaussement du plan d'eau perdront également toute valeur par l'exécution du drainage recommandé par la Commission.

Il est presque impossible d'exécuter une grande entreprise intéressant un très-grand nombre de détenteurs du sol, sans gêner les habitudes ou blesser les intérêts de quelques particuliers ; mais, dans le cas présent, cette considération s'efface devant les avantages certains et considérables dont bénéficieront les propriétaires et cultivateurs des terrains irrigués.

18° En définitive, la Commission approuve l'avant-projet mis à l'enquête, sous les réserves indiquées par le rapport, savoir : que la distribution des eaux soit réglementée de telle sorte que l'épuration soit assurée ; qu'il soit pourvu à l'évacuation des eaux épurées partout où besoin sera ; et que les terrains irrigués soient mis en culture.

Le Rapporteur de la Commission,

TH. SCHLŒSING.

NOTE

SUR L'ÉPURATION DE L'EAU D'ÉGOUT PAR LE SABLE PUR

Depuis que le Rapport a été déposé, de nouvelles recherches, instituées par le rapporteur, ont jeté quelque jour sur la propriété de la terre végétale de brûler les matières organiques des eaux d'égout et d'en nitrifier l'azote.

Les matières humiques, qui existent dans tous les sols sous des doses très-variées, ne sont point indispensables pour la manifestation de cette propriété : en effet, quand on arrose régulièrement avec de l'eau d'égout du sable quartzeux calciné au rouge, c'est-à-dire dépouillé de toute trace de substance organique, on peut obtenir la combustion totale des impuretés et la nitrification complète de l'azote, si la dose journalière versée sur le sable est telle que le liquide mette huit jours à en parcourir l'épaisseur.

Mais la nitrification opérée dans ces conditions est arrêtée absolument lorsqu'on introduit dans le sable de la vapeur de chloroforme. Or, M. Müntz a démontré que cet anesthésique paralyse tous les organismes fonctionnant comme ferments, les levûres, le mycoderma aceti, les vibrions des fermentations putrides, etc. Il devient donc extrêmement probable que la nitrification peut être corrélative de la vie d'organismes capables, comme le mycoderma aceti et d'autres dont M. Pasteur a si bien défini les fonctions, de transporter l'oxygène de l'air sur les matières organiques les plus diverses.

L'eau d'égout est assez riche en matières organiques ou minérales pour nourrir les organismes chargés de l'épurer, sans le secours de la matière humique des sols; c'est pourquoi le sable calciné peut remplacer la terre végétale pour épurer l'eau d'égout.

L'épuration par le sable ne s'établit pas dès le premier jour de l'irrigation. Les germes des organismes nitrificateurs ne se trouvant point dans le milieu, il faut d'abord qu'ils y soient apportés et qu'ils s'y développent en quantité suffisante; ce n'est d'ordinaire qu'après quelques semaines que l'épuration se produit. Dans la terre végétale, elle commence immédiatement, parce que les organismes sont en pleine possession du terrain. Mais, à cette différence près, un sable convenablement accessible à l'air doit valoir la terre la plus riche en humus, *au point de vue spécial de l'épuration.*

Cette théorie n'exclut pas, évidemment, la possibilité de la nitrification par la combustion lente, opérée par l'oxygène sous l'action des seules forces physiques ou chimiques, et sans l'intermédiaire de la vie. Mais, pour toute personne au courant des admirables travaux de M. Pasteur, la nitrification par les organismes paraîtra douée d'une activité bien plus grande que la nitrification par les agents chimiques.

Th. Schlœsing.

10 *février* 1877.

Paris. — Imp. Gauthier-Villars, quai des Grands-Augustins, 55.

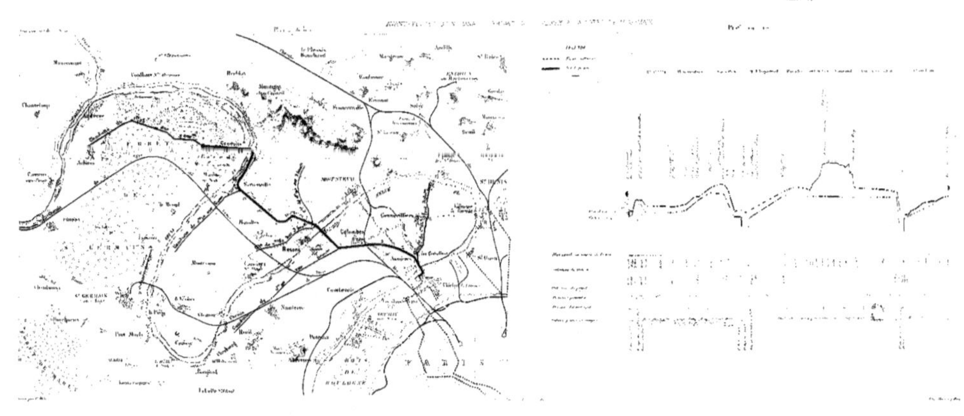

ΑΕΙ Ο ΘΕΟΣ ΓΕΩΜΕΤΡΕΙ

www.ingramcontent.com/pod-product-compliance
Lightning Source LLC
LaVergne TN
LVHW012219170726
843503LV00005B/2153